本系列图书为

2020 年度国家出版基金项目

2016 年度宁波市文化创新团队项目

宁波市艺术发展基金支持资助

你们是传统村落保护的志愿者，我也是志愿者，我们共同努力，把中国传统村落保护好，守护中华民族的乡愁。

冯骥才先生会见宁波市国家级传统村落立档调查志愿者

宁波市国家级传统村落立档调查培训班全体成员

《宁波传统村落田野调查》编委会

总 顾 问　冯骥才

名誉主任　郁伟年

主　　任　杨　劲　王晓勇

副 主 任　施孝峰　周静书　方飞龙　邵方毅

委　　员　邵　斌　王亦建　刘尚才　张　琳
　　　　　　童银舫　鲁永平　戴余金　王伟军
　　　　　　陈素君　陈可伟　卢圣贵

主　　编　周静书

田野调查 周静书 主编

冯全炉 叶柱 编著

宁波出版社

图书在版编目（CIP）数据

宁波传统村落田野调查．力洋村 / 冯全炉，叶柱编著．—宁波：宁波出版社，2020.5
ISBN 978-7-5526-3714-4

Ⅰ．①宁… Ⅱ．①冯… ②叶… Ⅲ．①村落—调查报告—宁波 Ⅳ．① K925.55

中国版本图书馆 CIP 数据核字（2019）第 259172 号

宁波传统村落田野调查·力洋村

冯全炉　叶　柱　编著

出版发行　宁波出版社
地　　址　宁波市甬江大道1号宁波书城8号楼6楼
邮　　编　315040
联系电话　0574-87259609
网　　址　http://www.nbcbs.com
策划编辑　袁志坚
责任编辑　罗樱波　张爱妮
封面设计　马　力
内页排版　金字斋
责任校对　黄　薇　陈凌欧
责任印制　陈　钰
印　　刷　宁波白云印刷有限公司
开　　本　787毫米×1092毫米　1/16
印　　张　16
字　　数　267千
版　　次　2020年5月第1版
印　　次　2020年5月第1次印刷
标准书号　ISBN 978-7-5526-3714-4
定　　价　90.00元

本书若有倒装缺页影响阅读，请与出版社联系调换，电话：0574-87248279

序

周静书

  中国传统村落,是中华民族一份宝贵的文化财富,是中华优秀传统文化的重要体现。2012年,在冯骥才先生的倡导下,国务院决定推进传统村落的保护,由住建部等部门负责,评审公布中国传统村落保护名录。2014年,冯骥才先生以文化大家的先知卓见,亲力亲为,领导中国民间文艺家协会启动了中国传统村落立档调查工作。这是一项具有开创性的重大文化工程。宁波市民间文艺家协会积极响应,在2015年做出规划,用三年左右时间,完成宁波市第1至第3批18个国家级传统村落立档调查工作。2016年,我们对参加立档调查的骨干进行了集中培训,恰逢中国传统村落保护(鸣鹤)国际高峰论坛在宁波慈溪举行。冯骥才先生在鸣鹤古镇与参训人员见面,并满腔热情地鼓励:"你们是传统村落保护的志愿者,我也是志愿者,我们共同努力,把中国传统村落保护好,守护中华民族的乡愁。"这给宁波的民间文艺家以极大的鼓励。由此,我们形成了由50多位骨干,共100多人参与的立档调查团队。宁波市委宣传部、宁波市文联十分关心和重视,积极推荐，宁波市委办公厅下发文件，将传统村落立档调查团队列入2016年宁波市文化创新团队，给予重点支持。

传统村落的保护，不仅要保护大量的传统建筑和自然生态环境，更重要的是守护传统村落的文化灵魂，延续传统村落的文化血脉。传统村落保护是一项系统的工程，是一个完整的体系。传统建筑和自然环境是它物质性的有形文化符号，而真正代表传统村落精髓的是以非物质文化遗产为主体的民间文化。如果说建筑类的文化遗产是传统村落的躯壳，那么民间文化则是传统村落的灵魂，而且很多民间文化在当代社会中仍有重要的史料价值和现实意义。完整的传统村落形态，不仅包括古民居、庙宇、宗祠、古桥、古树等丰富的物质文化遗产，同时还应包括各种生产生活民俗、民间信仰、民间文学、手传民间技艺等非物质文化遗产。建立科学完备的传统村落档案，使传统村落的文档成为记录完整的地域建筑史、民情生存史和传统文化史的资料，从而为今后传统村落研究、保护和发展提供可靠的依据。正因为如此，传统村落的保护理当是整体性的保护，传统村落的物质资源和精神资源不能互相割裂。失去了精神层面的民间文化，就如切断了文化的血脉，传统村落徒有躯壳，就没有生命的活力。

民间文化是在漫长的农耕时代里积淀形成的文化遗产。村落建筑中存在着传统技艺等非物质文化遗产，民众生产生活中遗存着大量的民间信仰、民间风俗、民间故事、农谚歌谣、俗语老话甚至地名文化、土特产制作技艺等民间文化。许多民间文化是在与之相适应的文化土壤中产生和存在的。如对于所在村落的山、水，当地人会寄托美好的愿景，赋予它灵气，因而口耳相传着美丽的民间故事和歌谣，千百年不息地传承。俗话说"一方水土养一方人""十里不同风，百里不同俗"，每个传统村落都具有它独特的个性,这与它的自然环境、生活族群的历史变迁有密切的关系。每个传统村落的独特的民间信仰、民间风俗,以至民间传说、歌谣、谚语、谜语、老话、生产技艺等,组成了绚丽多彩的民俗风情画卷。它既彰显中华民族文化的共性,又体现一乡一村的个性。这种民间文化拥有它原初的特性和独有的文化意义,扎根于它生存的土壤。它直接表达了传统村落的精神特质,是村落的灵魂所在。多姿多彩的传统村落之所以至今仍魅力四射,正是因为它们各自蕴藏着丰厚独特的民间文化。今天对传统村落保护的文化战略意义,就在于为千姿百态的民间文化留住生存空间,让它们有效地传承下去,从根本上保护这些古村落形态的整体性和文化的延续性。

对于传统村落民间文化的抢救工作,民间文艺界和知识界理应率先行动,形成文化自觉,敢于担当,对历史和民族负责。面对浩如烟海的民间文化珍藏,我们本次田野调查期间,团队全体人员下沉到民间去,深入田野间,深挖细掘,逐一记录梳理,精心搜集,细心整理民间文化中各种类型、各种民俗事象,尽可能全面、真实、客观、准确,形成系统科学的文献档案资料。特别是诸位主创,遍访中老年原住村民,不厌其烦,反复追寻,不疏不漏,对年岁特别大的村民进行抢救性口述记录。我们深知错过了重要的知情人、见证人,就错过了历史,有些文化信息可能会从此湮没、消失。我们在这次田野调查中,历尽艰辛,不仅遍访村中的长住居民,而且对迁居到邻村、城镇,甚至远走他乡的村民也进行追踪调查采录,这着实是抢救性的工程,当我们整理定稿出版时,有些当年被采访的老人已驾鹤西去,真乃"时不我待"啊!

民间文化的丰富性体现在传统村落里,民间文化的精华扎根于传统村落里，民间文化的多样性显示在传统村落里，民间文化的独特魅力展现在传统村落里。只有抢救保护好民间文化，传统村落的保护工作才能达到科学完美的目标。只有坚持物质文化遗产保护与非物质文化遗产保护有机结合，才能实现建筑特质、风土人情、传统习俗、传统技艺等的合理利用，活态传承。只有保护利用好民间文化，传统村落的可持续发展才能有更旺盛的生命力和感召力，才能更有效地推进传统村落的美丽乡村建设科学发展。

去年，中共中央、国务院印发了《乡村振兴战略规划（2018—2022年）》，在《弘扬中华优秀传统文化》中明确提出："实施农耕文化传承保护工程，深入挖掘农耕文化中蕴含的优秀思想观念、人文精神、道德规范，充分发挥其在凝聚人心、教化群众、淳化民风中的重要作用。"传统村落的田野调查，正是农耕文化传承保护工程的必要和重要的一环。我们希望这18部《宁波传统村落田野调查》能为传统村落保护和发展，为乡村文化振兴和民间文化传承，提供有力支撑。为宁波文化强市建设展示优秀传统文化魅力，同时能推动更多珍贵的传统村落进行抢救性立档调查，以守护乡村的文化灵魂，延续乡土的文化血脉，强盛城市的文化根基，为乡村振兴和美丽中国建设做出新贡献。

戊戌酷暑于董山古村

目 录

调查实录

中国传统村落立档调查（文字）归档表 ……… 003
一、村落风貌 ……… 007
  （一）地理位置 ……… 009
  （二）历史沿革 ……… 009
  （三）民居布局 ……… 011
二、自然生态 ……… 013
  （一）山水特色 ……… 015
  （二）古树名木 ……… 015
  （三）植物资源 ……… 015
  （四）动物资源 ……… 016
三、生产生活 ……… 017
  （一）农业种植 ……… 019
  （二）林业特产 ……… 019
  （三）文化教育 ……… 019
四、物质文化遗产 ……… 023
  （一）民居建筑 ……… 025
  （二）牌坊、碑、匾、寺庙 ……… 029
  （三）古井 ……… 030

（四）其他古迹 ………………………………… 031
五、非物质文化遗产 ………………………………… 033
　　（一）工艺技艺 ………………………………… 035
　　（二）民俗风情 ………………………………… 041
　　（三）民间文学 ………………………………… 055
　　（四）宗姓家谱 ………………………………… 102
六、诗文选录 ………………………………………… 105
　　（一）力洋八景诗 ……………………………… 107
　　（二）竹枝词 …………………………………… 112
七、乡贤名士 ………………………………………… 115

图片档案

中国传统村落立档调查（图片）归档表 ………… 137
A　村落面貌 ………………………………………… 147
B　历史见证 ………………………………………… 164
C　物质文化遗产 …………………………………… 175
D　非物质文化遗产 ………………………………… 212
E　民俗生活 ………………………………………… 215
F　生产方式 ………………………………………… 220
G　人物 ……………………………………………… 232
H　现状 ……………………………………………… 234

附录：国家级传统村落力洋村立档调查人员名录 …… 241

调查实录

一
二
三
四
五
六
七

—— 村落风貌

—— 自然生态

—— 生产生活

—— 物质文化遗产

—— 非物质文化遗产

—— 诗文选录

—— 乡贤名士

中国传统村落立档调查(文字)归档表

村落名称:力洋村

所属省市乡(镇):浙江省宁波市宁海县力洋镇

名录批次:第三批

名录之外:第二批宁波市历史文化古村、第五批浙江省历史文化名村

调查时间:2016年11月

调查者: 冯全炉

登记时间:2017年12月

编号	分项	内容	备注
1	年代	力洋村至少有1200年历史。根据光绪《宁海县志》记载,沥洋圆通寺初建于盖苍山(俗称茶山)南麓,后迁至力洋里岙(位于村北2公里),唐贞元初由山西致仕回乡的单道乾太守捐舍所有田产资助圆通寺以奉香火。又据力洋《叶氏宗谱》记载,南宋丞相叶梦鼎少年时曾出资在力洋村西建庵(约1224),命名为"沥洋集庆庵",继又扩建两厢,辟为书院,一度在此攻书。此庵迄今亦有近800年历史。圆通寺与集庆庵均完好保存,为力洋千年古村佐证。	—
2	形成原因	《宁海地名志》记载,力洋村北蛇头山南麓最早有金姓居住,称蛇头金。后发展为秦、穆、曹、郭、应、胡、冯、叶八大家族,经过历史变迁,现有应、胡、冯、叶等大姓居住。力洋村《胡氏宗谱》载胡仲宁(1580—?)约于明万历三十三年(1605)自大湖塘里村迁此;《冯氏宗谱》载冯高贤(1594—1669)于明末自长街山头村迁此;《叶氏宗谱》载叶乾仁(1693—1765)于清康熙五十年(1711)从岭峧迁此。	—
3	类型	力洋村位于三门湾北岸的一个海积平原,它是由来自茶山的山水和海水交汇冲刷而来的泥沙沉积而成。力洋所在地原属三门湾海港的港尾,古时属海洋,人们曾把门前山以南称为山下洋,门前山以	—

续表

编号	分项	内容	备注
3	类型	北称里洋，至今当地群众仍有人把力洋称作"里洋"，老街西段的居民区至今仍叫"蛎埠滩"。据2008年统计，力洋村的面积为9.1平方公里。	—
4	地质	力洋村的地质以环城东路为界，以西部分地表下以溪坑卵石伴以黄土为主，土质较结实，地下水十分丰富，且水质优良；以东部分地表下以海洋淤泥为主，土质松软，地下水呈碱性。	—
5	自然面貌	力洋村东西两面均为盖苍山由北向南延伸的低矮山脉，村南还有门前山、黄枝山等小山丘。山上植被茂盛、绿树掩映，一条沥水溪穿村而过，整村的地势为北高南低。村后建有一座中型水库，蓄水1300余万立方米，为当地居民常年提供生活用水和灌溉农田用水。穿村河段已进行整治改造，如今溪水成梯级蓄水流过，成为一道亮丽的风景线，是宁海县的十大溪流之一。	—
6	民族	汉族，少数民族人数极少，近年来主要自外地因婚嫁迁入	—
7	姓氏	早期居住的居民是金姓人家，后来秦、穆、曹、郭、应、胡、冯、叶等姓先后迁入。如今金与早期的秦、穆、曹、郭诸姓已消失，应、胡、冯、叶四姓中以冯、叶二姓最兴旺，成为主要大族。此外，还有民国以来陆续迁入的王、施、孔、谢、姚、袁、张、鲍、孙等姓，也有一定的人数。	—
8	人口	力洋村由力洋自然村和山横自然村合并而成，据2008年统计，常住户数3220户，常住人口9100人。	—
9	生产	力洋村因靠近大海，原以农业和渔业为主，新中国成立后随着海港淤塞、海塘围垦，渔业逐渐被放弃，取而代之以农业为主，盛产粮食。公社化后部分农田改种棉花，20世纪80年代开始发展柑橘、杨梅等经济作物。1984年前，工业发展较快，有罐头厂、铝制品厂、橡胶厂、换向器厂、玩具厂等，工业产值曾一度居县内前列。建镇后，工商业逐步向服务行业发展。现经营较好的尚有国盛食品、青华科教仪器厂、振宁牧业、步升服装厂、泰兴铜管厂等。工农业的生产促进了市场的繁荣，力洋中路、力兴中路等街道两旁商铺林立、林荫夹道，村西建有盖顶农贸市场3631平方米，还有小商品市场及家家乐、发烧友、加贝等大型超市。全村从事商业、饮食服务业的共有500余人。传统集市以农历二、五、七、十为集市日。 近年来，力洋村的马褚地塘农田和力洋港塘地等先后被国家征用，部分村民在滨海新区的企业上班。	—

续表

编号	分项	内容	备注
10	历史见证物	力洋村有贡元旗杆夹石碑一块，现存放在力洋镇中心小学，上部刻有"光绪辛丑"（1901），下部中间刻有"台州府贡元叶冠唐"，下左和下右各刻一条龙的纹饰。 孙家古宅中堂挂有一记述宅主孙大奎在清同治十二年（1873）例授贡元的匾额。所存文献《叶氏宗谱》有关于叶梦鼎捐资建力洋庵的记述，右丞相叶梦鼎敕命，叶颂清授勋证书。族谱有叶氏、冯氏、胡氏等。	—
11	物质文化遗产	力洋庙文昌阁、《叶氏族谱》、叶氏宗祠、石栏杆、古井、石碾、石臼、叶颂清墓	—
12	非物质文化遗产	狮子会（传承人叶元寅）；剪纸艺术（传承人陈巾英）；婚嫁礼节、丧葬礼节、岁时节令等各类民俗；特色方言；哭嫁歌、生活歌等民间歌谣；《玉帝分天地》《天牛下凡》《喜鹊搭桥茶》《茶山云雾茶》等神话与传说	—
13	自然遗产	石笋岩、蜡蛎洞、烽火台、天然石墙和茶山中潭双接瀑布等	—
14	现状	力洋村是力洋镇政府所在地，山明水秀，土地肥沃，历来被称为宁海东部粮仓、鱼米之乡、山海之乡，是镇政治、文化、商贸中心，是三门湾宁东新城后院。	—
15	村落简介	力洋村地处宁海县东部，距县城28公里。北靠盖苍山（俗名茶山），南临三门湾，背山面海，山明水秀，气候宜人。一条大溪旧名沥水，自北向南穿村而过，奔流入海。人们习惯以村庄前的门前山为界，称山前海港为山下洋，山后为里洋，所以村的俗名也叫"里洋"。 力洋村始建于唐，发展于宋，而盛于元、明、清。据光绪《宁海县志》记载，"沥洋圆通寺"始建于盖苍山南麓，后迁至力洋村北2公里处。由此推算，力洋村庄与圆通禅寺至少已有1200余年历史。 1958年至1961年间，宁海、象山两县合并，县名取象山县，力洋村因地处两县中点，被定为象山县治所在、县政府的驻地，从此留下了"宁象古城"的美称。 力洋村因南靠胡陈港、力洋港，原以农业和渔业为主，后随着海港被围垦，渔业逐渐被放弃，变成以农业为主，盛产水稻、棉花、柑橘、杨梅等。副业有养殖肉猪、土鸡和鸭等。工业现在经营较好的有国盛食品、振宁牧业和青华科教仪器厂等。因地理位置处于胡陈、茶院等乡镇和宁波南部滨海新区的中心，交通发达，集市贸易兴旺，年成交额近5000万元。	—

续表

编号	分项	内容	备注
15	村落简介	力洋村现存的古民居建筑群有着显著的地方文化特色，既有沿海渔村的雄浑和粗犷，又有江南民居的精细与纤秀。力洋村村民好龙、好狮，视之为吉祥物，无论是木雕、砖雕、石雕、灰塑，不乏倒挂狮子雕塑像，建筑的屋脊大多是龙的造型，龙的形象在这里被刻画得淋漓尽致、惟妙惟肖。狮是山中兽王，龙是海中之王，十足体现山海文化。保存完整的古宅有五门大宅等20处。 　　非物质文化遗产有狮子会、剪纸艺术、各类歌谣、神话和传说等。自然遗产有石笋岩、蜡蛎洞、天然石墙等。	—
16	其他	—	—

宁波传统村落田野调查·力洋村

一 村落风貌

（一）地理位置

力洋村地处浙江省东部沿海、宁波市南端，隶属宁海县力洋镇管辖，是宁海县东部最大的古村落之一。它东临海楼渔村，南接田交朱村、宁波南部滨海新区，西界大塘村、茶院乡下徐村，北毗力洋孔村、茶山林场，地理位置优越。

力洋古村东至沿山形走向的环城东路，西至紧靠力洋溪的环城西路，南至力洋中路，北至力洋水库。村庄为南宽北窄形状，略呈梯形。改革开放后，村庄面积不断扩大，再加上山横自然村的并入，现逐渐成为不规则形状。

力洋村的地质以环城东路为界，以西部分地表下以溪坑卵石伴以黄土为主，土质较结实，地下水十分丰富，且水质优良；以东部分地表下以海洋淤泥为主，土质松软，地下水呈碱性。整个村的地势为北高南低。

据2008年统计，力洋村的面积为9.1平方公里。全村共有土地2327亩，目前已经被宁波南部滨海新区征用1200亩，山林面积4230亩。

力洋村地处亚热带北缘，属亚热带季风潮湿气候区，四季分明、雨量充沛。常年主导风向为东北风和东南风，夏季东南季风最盛，常有强台风影响。年平均气温16.2℃，年平均降水量1626.8毫米。年内降水量不平衡，雨量大多集中在5—9月，降水量占全年的65.8%。无霜期230天。

力洋村地处宁海县东部中心，距县城28公里，交通便利，东西方向的公路有盛宁线。沿海南线穿村而过，从力洋始发的南北方向的公路有力港线、西仓线和茶山线。

（二）历史沿革

力洋村北靠盖苍山，南临三门湾，一条沥水大溪发源于盖苍山，至力洋村形成宽阔溪流穿村而过，经毛屿港直达三门湾奔流入海，溪长10余公里。古有

"苍山之麓，沥水之阳"之称，故最早的地名为沥阳。

据光绪《宁海县志》记载，沥洋圆通寺始建于盖苍山南麓，唐贞元初迁至力洋村北2公里处。由此推算，力洋村庄与圆通禅寺至少已有1200余年历史。

又据力洋村《叶氏宗谱》记载，南宋丞相叶梦鼎少年时代曾出资在力洋村西建庵（约1224），命名为"沥洋集庆庵"，继又扩建两厢，辟为书院，叶梦鼎一度在此攻书。此庵迄今亦将有800年历史。

圆通寺与集庆庵均完好保存，为力洋千年古村佐证。

力洋村原是三门湾北陲的一个海积平原，地形开阔、山水相连。它的老街西端居民区，至今仍叫"蛎埠滩"。说明力洋村在人居之初，尚是长满牡蛎的一片海滩。

据南宋《嘉定赤城志》记载，力洋行政村名是宁海县朱开乡辟邪里十七都。元、明设图，力洋村是十七都二图。清雍正六年（1728）设庄，称沥洋庄，嗣后集市兴起，修筑街道，又称沥洋街。

民国以来，力洋历经建乡建镇，都是乡镇治所。抗日战争后期，宁海东部所有乡镇建为一个文正区，区署设在力洋。与此同时，古渡乡与力洋乡合并为儒雅乡，乡公所设在力洋，直至新中国成立。

新中国成立后，力洋是区、乡两级治所。1958年，宁海、象山合并为象山县，县城设力洋，故人们至今仍称力洋为宁象古城。1962年，县府改沥洋为力洋，村名至此固定下来。

据《宁海地名志》记载，力洋村北蛇头山南麓最早有金姓居住，称蛇头金。后发展为秦、穆、曹、郭、应、胡、冯、叶八大家族，经过历史变迁，现有应、胡、冯、叶四大姓居住。力洋村《胡氏宗谱》载胡仲宁（1580—?）约于明万历三十三年（1605）自大湖塘里村迁此；《冯氏宗谱》载冯高贤（1594—1669）于明末自长街山头村迁此；《叶氏宗谱》载叶乾仁（1693—1765）于清康熙五十年（1711）从岭峧迁此。

力洋村居民以汉族为主，少数民族人数极少，主要是近几年由婚嫁自外地迁入。

力洋村是一个杂姓聚居的宜居地，大家和睦相处，共创辉煌。最早居住的居民是金姓人家，后来秦、穆、曹、郭、应、胡、冯、叶等姓先后迁入，如今金与早期的秦、穆、曹、郭诸姓已消失，应、胡、冯、叶四姓中以冯、叶二姓最兴旺，成为主要大族。此外，还有民国以来陆续迁入的王、施、孔、谢、姚、袁、张、鲍、孙等姓，也有一定的人数。据最新统计，目前人口较多的姓氏为叶、冯、王、胡、施等。

力洋村由力洋自然村和山横自然村合并而成，据 2008 年统计，常住户数 3220 户，常住人口 9100 人。

（三）民居布局

力洋村的民居主要分布在沥水溪两岸。沥水溪以东、力兴中路以北地段为老建筑，许多保存完好的古宅都在此范围内。沥水溪以西和力洋中路以南，均为新建民居。山横自然村位于沥水溪以西、山横桥以北地段。该村所有的民居基本上是新房子。

从现今的力洋中路北上到老街，再从老街沿环城东路北走，到力洋水库坝前折转，沿沥水溪东大道往南到力洋市场，这一大圈面积约 2 平方公里的地块，是力洋古村所在地。民国时，古宅区有 300 多户人家，以冯、叶两姓为主体族群，占户口的绝大多数。

力洋古宅区内，除孙家古宅因南向受门前山所阻、大门北向外，所有古宅一律是坐北朝南。其中叶姓古宅，大宅与大宅之间都有一条宽阔的石子路面通道，通道两端是东、西两个炮台，用来防盗；每幢大宅都有大面积庄园，或左右庄园，或前后庄园，拱围着大宅，说它栋宇云连、庄园林立也不为过。

叶姓大宅群东侧沿着大宅墙根与大路之间，原来有一条自北而南的大水沟，如护城河般拱护着大宅，俗名大水圳，宽处逾丈，最狭处也有四五尺。每幢大宅在东首门户处铺上宽窄不一的石板桥，接通石子大路，构成一幅幅"小桥流水人家"的农耕时代恬静安居的画面。

力洋村现今保存完整的和较完整的古宅有应家、孙家、石明堂胡家、外冯家和西园冯家等。叶姓古宅有叶家祖宅（原名下份）、水夫故居（原名中央份）、安汝址（原名东上小份）、雕梁宅（原名西上小份）、连科宅（原名后上小份）、五门大宅（原名上大份）、上园、安拙山房、下新屋、庄前、第五份叶家等，共

11处。应家是石头砌墙的平屋，为明时建筑，其他15处都是两层木结构的明清建筑。

上列11处叶姓古宅，多数类似四合院，正屋呈"口"字形，围绕正屋的厢房、后堂与楼廊相连，道地（天井）相通，形成"回"字形结构。中门都是石库门，门闩三道，平日从边门出入，婚丧大事才大开中门。廊柱上木雕是倒挂狮子，廊柱间有木雕一根藤花沿，有科举功名挂匾装置，堂里壁一般有围屏，有香橱长桌。每个屋脊中心有雕甍，内嵌景泰蓝圆盆，长长的屋脊用瓦雕灰塑成龙形，东甍是龙头则西甍是龙尾，南甍是龙头则北甍是龙尾。大院中屋脊多，远望如群龙起舞，栩栩如生。柱上是狮，屋脊是龙，十足体现了力洋山海之乡的山海文化特色。

力洋古宅群既有统一结构形式，又各有特色。

西上小份叶宅中堂廊前，正柱上横悬有一根雕刻精致的雕梁，故其又被称为雕梁宅。

后上小份叶宅堂前正柱磉石是经过石匠雕琢的花纹磉石，宅的前厅山墙外侧的灰塑图案是一只鹭、一株莲荷，谐音为"一路连科"，故其又被称为连科宅。

上大份叶宅建于清乾隆后期，距今200多年，为仿宋建筑，面积接近3000平方米，木结构两层楼，梯梯相通，称"走马楼"，大小道地7个，有弄堂相通。屋脊雕甍、瓦雕脊龙一应俱全，木格窗、石格窗原汁原味。正屋的东西两侧各有两进后厢房，连接后堂直通后宅庄园。正大门左右各依厢房道地开设边门，呈五门一字排列，人们称之为"五朝门"。门外影墙上有一对大型灰塑倒挂狮子，有大幅灰塑"福""寿"二字，显得十分庄严。门前一条石子花纹路面连接东西两个炮台。通道前是高墙围成的宅前大庄园，形成封闭式状态。专家称之为"浙江东南第一大豪宅"。今已更名为"五门大宅"。

宁波传统村落田野调查·力洋村

二 自然生态

（一）山水特色

力洋村东西两面均为盖苍山由北向南延伸的低矮山脉，村南还有门前山、黄枝山等小山丘，山上植被茂盛、绿树掩映，一条沥水溪穿村而过。村后建有中型水库，蓄水1300余万立方米，为当地居民常年提供生活生产用水。沥水溪两岸一排排樟树拔地而起，为村庄的美化起到了锦上添花的作用。沥水溪属宁海县十大溪流之一，穿村河段已进行整治改造，如今溪水成梯级蓄水流过，成为一道亮丽的风景线。

（二）古树名木

力洋小学校园内有罗汉松一棵，树龄约240年。

力洋敬老院内有柏树一棵，树龄约230年。院内另有樟树一棵，树龄约190年，木樨树一棵，树龄约130年。

凤山庵前有樟树一棵，树龄约160年。

（三）植物资源

力洋村山林面积大，植物资源丰富，数量比较多的是杉树、松树、枫树、樟树、木荷树、楠木树、梓树、牛石树等。此外，还有数量众多的蕨类植物等。

（四）动物资源

力洋村范围内，野生的动物有角麂、野猪、松鼠、野兔、白鹭、蕲蛇、山蛙等，家养的动物有牛、猪、羊、狗、猫、鸡、鹅、鸭、兔、鹁鸪等。

宁波传统村落田野调查·力洋村

三 生产生活

（一）农业种植

1986年以前，力洋村以种植水稻和棉花为主。此后，随着市场经济发展，种植状况与产业结构不断改变。现在，许多土地被国家征收后，留下的土地大部分流转到种植大户手中，主要种植水稻、小麦、玉米、西瓜和茭白等。现在从事农业种植的有57人，年收入达300余万元。

（二）林业特产

力洋村主要有杨梅、枇杷、板栗等林业特产，居民年收入为100万元左右。

农民失地后，生产生活结构发生重大变化。2017年，全村青壮年外出打工的有1023人，年收入4000万元左右。在本地经营第三产业的有569人，年收入2900万元左右。在本地打工（包括五匠）的有418人，年收入1600万元左右。从事家庭加工的有142人，年收入60万元左右。办个体企业的有78人，年收入3600万元左右。

（三）文化教育

1.学校教育

幼儿教育

1980年开始，力洋小学附设学前班。1995年后，学前班停办，个人办幼儿园兴起。由叶亚浓投资300余万元建成的一所民办幼儿园，目前有在园职工30

人，设 8 个班，就读幼儿 300 余人，2006 年被评为"宁波市示范性幼儿园"。

小学教育

力洋镇中心小学现有教职工 54 人，设教学班 24 个，在校学生 896 名，2002 年被评为"浙江省示范性小学"。

中学教育

1958 年，开办公立力洋初级中学。至 1971 年，增设两年制高中，正式定名为"宁海县力洋中学"。后改名为"宁海县第四中学"，全部招收高中学生，时有教职工 61 人，设教学班 15 个，在校学生 765 人。2011 年，该校并入宁海县正学中学。现有初中为力洋镇初级中学，其前身是力洋小学附设初中班，1975 年开办，1978 年正式成立力洋初中，现有学生 540 人，设 12 个教学班，教职工 33 人。

成人教育

1992 年，成立力洋镇成人中等文化技术学校。现有教职工 9 人，常年开展成人学历教育和各种职业技能培训，其中缝纫培训成为宁波市的品牌培训项目。2008 年被评为"浙江省示范性成人学校"。

2. 社区教育

文化礼堂

2017 年建成，投资 1200 万元，建筑面积 5000 平方米，为宁海县东部一流的农村文化礼堂，集文化宣传、办公、会场于一体，为村民活动和娱乐的理想场所。

水夫故居

位于环城东路，原名中央份。为纪念著名的俄文翻译家叶水夫，成立了"水夫故居陈列室"。室内存放叶水夫夫妇的俄文翻译作品，包括《青年近卫军》等，还有叶水夫生前用过的办公桌、椅、文具等。2018 年 5 月 23 日，由力洋籍儿童文学家、诗人、《中国童诗》杂志主编雪野创建的国内首个儿童诗研究中心落户水夫故居，同时成立儿童诗阅读与写作教学基地，集藏雪野儿童诗创作资料1000余种，还收藏有巴金、冰心等名家的题词等。

宁波传统村落田野调查·力洋村

四 物质文化遗产

（一）民居建筑

1. 五门大宅

五门大宅（原称上大份叶家，又称"五朝门"），建成于清乾隆晚期，宅主叶善瑗。此宅依照仿宋建筑、明清式样建造，占地 2500 平方米，坐北朝南，前后各有 5 亩庄园，四周竹木成荫，外围是一带小桥流水。整个大宅呈封闭状态，是一座回字形四合院。正门有两道，大门是石库门，二门是木制围屏门。门内是石板大道地，中堂梁上雕刻有倒挂狮子，堂的左右两侧有通道与后堂相通。东西两边厢房之后各有两套厢房，合起来有 6 套。石库大门一共有 5 个，五门一字排列，故当地人称之为"五朝门"。宅内共有 7 个石板道地，均有弄堂相通。正屋、边屋、屋脊上都有龙形头尾瓦雕，屋脊中央都有雕甍，中嵌景泰蓝大圆盆。大门两侧影墙绘有狮子绣球对称灰塑，配有"福""寿"大字。大门前是一条石子花纹道路，通向东西两个炮台，炮台下又是大石库门，南面则是庄园高墙。该宅保存完好，占地面积大，被专家称为"浙江东南第一大豪宅"。

2. 安拙山房

安拙山房建于清嘉庆年间，距今 200 多年，占地面积约 680 平方米。拙即笨，安与笨意即不与人斗智，反映宅主的修养。古宅四合院结构保存完好，大门高墙，庄严肃穆。道地是民国初期重新用水泥浇灌成石板状的水泥地，属民初文化。东侧南影墙还留有炮台门户痕迹。1958 年，宁海、象山两县合并时，县城设在力洋，其时安拙山房四合院及其炮台门户、前后庄院均存在，被选中为象山县人民政府的办公大楼。

3. 孙家古宅

此宅为清同治年间贡元孙大奎宅院,正门朝北,中堂朝东。宅中堂仍保存"一根藤"木雕,廊柱倒挂狮子,母狮抱子木雕十分精致。屋檐有延伸滴水瓦,门窗木格花纹完好。此宅至今有200年左右历史,占地面积约560平方米。

4. 石明堂胡家

石明堂古宅是胡姓大宅,二层建筑,中堂朝南,连廊及天井都是用长石条铺设,故称石明堂。中堂是平屋,却高过左右正大房楼房。中堂屋脊上插有一柄钢叉作尚武标志。左右厢房是两层楼房,低于中堂房屋,后厢均是平屋。此宅大概建于明朝中后期,占地面积约570平方米。

5. 外冯家

外冯家位于新下桥北,为坐北朝南三合大院,石子花纹道地,宅中有一根梓木制的大门槛,由冯高贤后代建造,距今约300年,占地面积约500平方米。

6. 西园冯家

西园冯家是两层楼房,石子花纹道地,大门前有石子甬道,前有影墙,甬道两旁是平屋,属明清建筑。由冯高贤在明万历四十六年(1618)建造,占地面积约480平方米,距今400多年。

7. 叶家祖宅

叶家祖宅,原名鲍家庄,位于东山脚下小桥流水西侧,是叶乾仁于清康熙五十二年(1713)自岭峧迁居力洋的创业发祥地。此宅前后两进楼房、两重大门、两个道地、两个中堂,左右各有前后两道厢房,是力洋村唯一的里外穿堂的大宅院,占地面积约940平方米,距今近300年。旧时,大宅门前有一条石子花纹道路,甬道两端各有一座炮楼,楼下是石库大门。

8. 水夫故居

水夫故居建于清乾隆前期,四合院建筑,占地面积约 1000 平方米,距今约 270 年。古宅原系傍水建筑,今存有两道石库大门,宅东首后厢房南影顶灰塑"独占鳌头",具有科举文化特点。

9. 安汝址宅

安汝址宅大门顶上灰塑"安汝趾"三字,趾与址相通,含"使汝址平安"意。文字上是"福禄寿"三星图案,顶巅高耸,屋脊上瓦雕龙头龙尾齐全,屋内石板道地、石格窗、木格窗大部分完好。此宅清代时出过叶成莲父子双贡生,房屋保持着四合院"回"字形结构形式,占地面积约 580 平方米,距今 180 余年。

10. 雕梁宅

雕梁宅,中堂廊前柱顶着一根雕刻着"四凤穿牡丹"的大梁,宅堂前三间的四根大廊柱一律是两头小中间大的梭形柱子,这种柱形是唐宋以来的工艺,至清已无,具有极高的文物价值。此宅与安汝址紧连,屋檐连接不露天,可在室内过往,属四合院建筑,占地面积约 550 平方米,距今 180 余年。

11. 连科宅

雕梁宅正屋连科宅灰塑"一路连科"。连科宅名源自照墙外影上灰塑图案"一鹭莲荷",谐音为"一路连科"。此宅属四合大院,约建于乾隆、嘉庆交替年间,迄今 200 多年,建筑面积约 890 平方米。中门外是小天井,两边是平屋门房,前照墙为一色瓦雕金钱眼。中堂廊前有雕凤石磉,廊柱上有木雕倒挂狮子。

12. 上　园

上园叶家古宅建于同治初年，距今150多年。此宅相比周边宅舍房基填得高，四合院木结构两层楼房也显得高大，符合清代建筑发展趋势。大门顶上有"宜居福地"四个篆体大字。此房主体部分完好，占地面积约760平方米。

13. 下新屋

下新屋位于安拙山房西首，建造于乾隆后期，以下新屋为名称，与北边大坑山脚下上新屋宅院相区别。此宅属四合院"口"字形建筑，石子花纹道地，占地面积约500平方米。

14. 庄前叶家

庄前叶家位于村庄西首边缘，旧日是田畈，旁有老井、碾场，地处村庄最前部，故称庄前。宅不大，建于光绪初年，占地面积约340平方米。

15. 狮子会石子道地

古宅建于清代中叶，四合院庄园，现今尚存正屋三间、左右厢房和一个石子花纹道地，占地面积约550平方米，是力洋村非物质文化遗产狮子会的发祥地。

16. 百年老店养和堂药店

药店位于力洋村老街中段，坐北朝南，店面屋临街三间，两层楼，延伸至后宅两间一弄堂，占地面积约60平方米。此屋建于清末，是宁海坛树头杨仲华来力洋村创业开设的中药店。

（二）牌坊、碑、匾、寺庙

1. 石碑、匾额、牌坊

力洋村有贡元旗杆夹石碑一块，现存放在力洋镇中心小学。碑上部刻有"光绪辛丑"，下部中间刻有"台州府贡元叶冠唐"，下部左右各刻一条龙的纹饰。

孙家古宅中堂挂有一块记述宅主孙大奎在清同治十二年（1873）例授贡元的匾额。

力洋村老街原有一座贞节牌坊，"文革"时被毁。

2. 宁海十大古寺之一——圆通寺

据光绪《宁海县志·寺观》记载，圆通寺初建于茶山麓，后徙至沥阳里岙青山绿水之间。唐德宗贞元元年（785），太守单道乾由山西致仕还乡，年迈乏嗣，所有田地尽舍于寺，寺僧世代祀奉其像。圆通寺为宁海十大千年古寺之一。清末民初，由僧而尼，传于尼功修。功修原系力洋叶颂清侄女，誓不嫁人，携产入寺，寺院得以进一步建设发展。叶颂清亲书"圆通禅寺"匾额挂于山门。1976年，因兴建力洋水库，寺院被拆迁至力洋村内，挂匾遗失。1995年，圆通寺再迁至沥水大溪西山。1998年，僧常能接任住持，由尼复僧。如今，寺院有金刚殿、大雄宝殿、伽蓝殿、文殊殿、地藏王殿，以及经堂、客厅等，建筑面积达3000多平方米，土地面积10余亩，绿化面积5亩。

3. 力洋集庆庵

据《叶氏宗谱》记载，南宋嘉定十七年（1224），叶梦鼎从台州参加府考回来，路过力洋岭，在岭下一块大石上休憩，纵目环眺，对此处的山川景物十分喜爱，觉得这里具有"藏风聚气"之美，是个建造庵院的好地方。事有凑巧，有个叫祥庵的僧人来此多日,想在此地建庵,苦无助力,见这位年轻书生颇留恋此处,便上前问讯,两人言谈十分契合。祥庵说:"公若肯为首事人,此处建庵必定成功。"叶梦鼎欣然同意,当即将身边尚余的白银20两全数捐献。庵建成后,叶梦鼎又捐资建造两侧厢房,立为书院,自己一度曾在此攻书。宋嘉熙元年(1237),叶梦鼎中了释褐状元,衣锦荣归,再次捐赠田地,永赡香火。初名沥阳庵,后亦名集庆庵。

4. 力洋白鹤庙(仁济禅寺)

力洋白鹤庙,清朝初年建于力洋旧村西南村口。庙门前是田野,东侧有一广场,广场东是与广场同样大的清水潭,潭中常年水清见底,游鱼可数。庙门正一旁二,进门是大戏台后院,力洋庙大戏台,闻名遐迩。戏台高大宽阔,京剧武打,绰绰有余。大殿三间,中塑白鹤大帝,大殿阶下是三间工事横廊,廊下是石子花纹道地,两边是两层厢房,供妇女们看戏用,俗称"戏房间"。大殿东侧是文昌阁,供奉文昌帝君,文昌帝君司培育读书种子。20世纪90年代庙被拆迁,重建于今村庄南面的沥水溪边。

(三)古 井

力洋村还保存着14口方井,其中还在使用的有6口,即蛎埠滩古井、上园古井、后堂古井、庄前古井、应家古井、老酒坊古井。不用的有双井古井、孙家古井、下街头古井、老公社古井、下新屋古井和邮政局古井等。

（四）其他古迹

倚 岩

在力洋村通往茶山的盘山公路边，距力洋村 2.7 公里处，有一块长方体岩石，高 12 米，长 5 米，宽 2.5 米，直立在力洋水库的岸边。这块站立的岩石叫作倚岩，又称石笋。据原力洋施村（现已被水淹）移民施继虎讲述，传说古代曾有一位官员坐轿去茶山游览，行到金堂村时，看到这块岩石，立即叫轿夫停下，并向当地老人打听："此山岙中有否出过名人？"答曰："没有。"又问："此地是否有神仙？"答曰："有茶山南洞羊祜相公。"接着又说："此石是将军石，是专门为羊祜相公站岗的。"于是，官员下轿行走一段路后再上轿。

宁波传统村落田野调查·力洋村

五 非物质文化遗产

（一）工艺技艺

1. 民间工艺

力洋剪纸

力洋村陈巾英剪纸被列入市级非物质文化遗产名录。

剪纸是中国民间流行的一种历史悠久的镂空艺术。所谓剪纸，就是用剪刀将纸剪成各种各样的图案，如窗花、门笺、墙花、顶棚花、灯花等。每逢过节或新婚喜庆，人们便将美丽鲜艳的剪纸贴在家中窗户、墙壁、门和灯笼上，节日的气氛也因此被烘托得更加热烈。在农村，剪纸通常是由妇女、姑娘们来做。在过去，剪纸几乎可以说是每个女孩所必须掌握的手工艺术，还被人们作为用来品评新娘的一个标准。

由于剪纸的工具材料简便普及，技法易于掌握，有着其他艺术门类不可替代的特性，因而，这一艺术形式从古到今，几乎遍及我国的城镇乡村，深得人民群众的喜爱。

力洋剪纸属于南方工艺，用剪刀，不用刻刀，线条工整细致，适合女工。形式有婚嫁剪双喜、麒麟送子、状元及第之类，也有丧葬、祭祖剪长幡等，至今民间仍很流行。

2008年9月，"中国·象山廉政剪纸大赛"在北京举行，全国各地有5600多幅作品参赛，评出获奖作品104幅。力洋镇推选陈巾英参赛，她以"廉、洁、奉、公"四字分别配上"梅、兰、菊、竹"四君子图案，剪成一幅廉政图案，匠心独具，含意深刻，获得优秀奖。陈巾英是力洋叶氏后代叶柱老先生的夫人，她的《剪纸花样选》收有剪纸200幅、花样194幅、刺绣8幅，共402幅。

2. 民间表演

茶山云雾茶（表演唱）

（据民间传说《茶山云雾茶》改编）

人物：蓬莱大仙（简称甲），方丈大仙（简称乙），瀛洲大仙（简称丙），群众若干人（简称众）。

时间：远古时代。

地点：茶山。

【幕启：甲、乙、丙同上，向观众致礼。】

甲：我是蓬莱大仙。

乙：我是方丈大仙。

丙：我是瀛洲大仙。

同白：表演唱——茶山云雾茶。（下）

【乐声起。乐声中甲、乙、丙率众上场，腾云式三人舞，众伴舞，圆场。

甲、乙、丙站前列。】

甲：（唱）茫茫东海广无边，海上三山我住蓬莱山。

得道成仙不忘人世事，如今约伴来人间。

（众伴舞，复唱一遍，载歌载舞）

乙：（唱）茫茫东海浪滔天，海上三山我住方丈山。

蓬莱邀我一同下尘世，也到人间走一番。

（众伴舞，复唱一遍，载歌载舞）

丙：（唱）海上三山三神仙，我的瀛洲名号属老三。

三仙一起冉冉云中走，飘飘悠悠到人间。

（众伴舞，复唱一遍，载歌载舞）

甲、乙、丙：（合唱，众伴舞）

忽悠悠，驾云来到东海边，抬眼望，一座大山挡在前；

但见那，苍松翠竹绿满坡，又见那，山泉瀑布半天悬；

一霎时，山岚雾气氤氲起，顿时间，缕缕白云峰顶旋；（侧耳细听）

想不到，如此风光如此景，竟然是，不闻人声为哪般？

【甲、乙、丙与众作四处观察状。】

（轮唱）

甲：原来是，山里人个个身有病，躺在地里，干瞪着眼苦如莲！

乙：可惜那，山里的人们无知识，怨他们，光靠打猎不种田！

丙：谁知道，兽肉吃多伤身体，弄得来，眼红体瘦、四肢无力、动弹不得，真可怜！

（甲、乙、丙合唱）

眼前是，山里的人们正在苦挣扎，像这样，要想病愈实在难。

众：（接唱）

看他们，躺着等死无办法，性命难保叫不应老皇天。

（转向甲、乙、丙恳求）

望只望，三位大仙发慈悲、施法力，

救一救山里人的性命，结善缘！

【音乐声中，众一部分作山里人卧病状，一部分伴舞。】

甲：（唱）我蓬莱有棵仙茶树，仙茶可以清心火、治眼病，

　　　　心火一清百病退，眼目一明看得清。

　　　　大山里播下仙茶籽，日夜长大便成林。

　　　　教会种茶、采茶、制茶品，

　　　　山里人百病消散，日子过得红火又开心！

【众两部分复合、伴舞。】

众：（唱）教会种茶、采茶、制茶品，

　　　　山里人百病消散，日子过得红火又开心呀，又开心！

乙：（唱，众伴舞）

我方丈有百种仙人菜，可食可药两齐全。

吃下仙菜长气力，手脚轻捷好爬山。

山里人有了仙人菜，一日三顿吃得欢。

众：（唱）山里人有了仙人菜，一日三顿吃得欢呀，吃得欢！

甲、乙：（齐声）瀛洲大仙，您呢？

丙：（笑了笑，唱，众伴舞）

二位大仙悲天悯人施良药，功德无量，管叫那，山里的人们百病不生。

（大袖一拂，手向前方一指）

二位看——

（接唱）此山高峰接低峰，五个低峰全像那额头昂着望天空。

周围是海潮拍岸浪汹涌，隔断了山里人出路无所适从。

若把高峰与"五额"作桥墩，一桥飞架连接沙滩海陆两相通。

造起大船出海去，可捕鱼，可经商，长知识，开窍门。

山里人不必世世代代打猎为生，困死在山坳中！

甲、乙：（齐声）好啊，说得有理！

众：（唱）可捕鱼，可经商，长知识，开窍门。

山里人不必世世代代打猎为生，困死在山坳中！

（载歌载舞，圆场）

众：（齐声）请三位大仙快快施法力！

甲、乙、丙：（齐声）好！（下）

众：（合唱）

山里来了蓬莱、方丈、瀛洲三大仙，给山里人治病、生财幸福添。

大仙的法力大无边，从今后，山区的面貌定改变。

【众载歌载舞，圆场；乙提一袋仙菜籽云步上，作撒菜籽状。】

乙：（唱）手把菜籽撒山间，角角落落都撒遍。

仙法催芽苗出土，却被那，大树遮阴苗儿蔫！

带来百种仙菜活两种，疏疏落落看不见！

（白）唉！劳而无功，还不如回去吧！（下）

众：（白）方丈大仙种菜无功，灰心了，走了。可惜啊！

【丙手拿一柄仙斧、一支仙凿，兴冲冲地云步上；众伴舞。】

丙：（唱）为山里人造福万年，不辞辛苦来造桥劈山。

【丙用斧、凿作劈山状。幕后配音，叮叮咚咚。】

（丙接唱）叫山神、土地快移山、填海、铺桥面——

（众二人作山神、土地指挥造桥状）

看工程，心中喜，大桥快要造到海滩边！

【幕后：金鸡岩金鸡报晓，喔喔啼；铜鼓岩鼓声，咚咚响。天快亮了，山神、土地不敢继续移山搭桥，走了。】

众：山神老爷逃走了，土地老爷逃走了，移山造桥停止了！

丙：（气得发抖，甩胡子，用斧凿作劈空状）

众：（喊）金鸡岩金鸡下巴劈断了，不啼了！铜鼓岩铜鼓凿破了，不响了！

丙：（接唱）可恨那，金鸡乱啼、铜鼓乱敲，

　　　　　害得我，一番心血，功败垂成！

　　　　　呸！（气愤下）

【甲手拿仙茶籽袋，云步上；众伴舞。】

甲：（唱）大山上，静悄悄，无声无息，想必是，两大仙徒劳无功。

　　　凝目看，众山民，奄奄一息，忙把那仙茶籽撒向山垄。

众：（欢呼）仙茶树长满山啦！仙茶叶长满树啦！

【乐声。众围绕着甲舞，圆场。】

【众一分为二，一作病人卧倒在地，一作煮茶、送茶给病人喝状，病人喝了仙茶一跃而起。众拥甲作欢乐舞，圆场。】

【病众向大仙致礼，齐声：感谢蓬莱大仙赐仙茶救命之恩！】

【甲传授茶经仙法：

植茶法：示范。众作植茶舞。

采茶法：示范。众作采茶舞。

制茶法：示范。众作制茶舞。】

甲：（唱）仙茶长满大山上，出土便把病来除。

　　　　仙茶本是仙家产，大山云雾来护持。

　　　　云雾育茶最难得，氤氲山气养分殊。

　　　　好山好水好茶叶，山里人有吃又有余。

甲：（白）我提议，此山命名为茶山。

众：（欢呼）大山有名堂了，叫：茶——山！

甲：（续白）这茶就叫——茶山云雾茶！

众：好啊！这茶就叫：茶——山——云——雾——茶！

【尾声：乙、丙上。甲、乙、丙与众列队。】

（合唱）千年茶山云雾茶，茶韵茶香世称夸。

　　　　茶身不是人间品，来自蓬莱仙客家！

（幕徐徐落）

力洋舞狮

　　力洋舞狮起源于清朝乾隆后期，舞狮队由力洋镇东园村山后自然村的张文成执教。张文成师从茶山庵和尚如海师。如海师少年时曾闯荡江湖，劫富济贫，练就一身好功夫，中年剃度出家于茶山庵。清朝《宁海县志·同治采访册》中有关于如海的高超武功的记载。山后张文成是他的嫡传弟子，尽得如海师的棒技真传。

　　力洋村冯、叶等族人组织起舞狮队，拜张文成为师，经过勤学苦练，终于成为当地有名气的"力洋舞狮"。一般一对狮子要由24人组成，即狮头、狮尾6人，打棒、打拳7人，敲锣、打鼓、吹喇叭等8人，擂钢叉、耍火球、提灯笼各1人。

　　力洋舞狮队清朝时的队员姓名因年代久远，已无法知晓。新中国成立初期，在冯子全的带领下，舞狮队活动频繁，除在本村表演外，还经常到周边各村去表演，深受当地群众的欢迎。到2006年，冯旭初任力洋村党支部书记后，又组织了舞狮队。嗣后，又经继任村书记秦祥富的关心及资助，舞狮队发扬光大。如今，在下街头村民袁小兵的带领下，仍有一对狮子队活跃在力洋村的大街小巷及周边各村落。

　　力洋舞狮活动一般在农历正月初一到庙里拜白鹤大帝，自正月初二上灯（庙里挂起纱灯）开始表演，一直表演到正月十四元宵节焊址界落灯为止。

　　舞狮外出表演时，先由甩火球者引路，乐队走在前面，再由手握钢叉的引狮人带领狮子及拳棒能人等随同跟进，一路上放着鞭炮，缓缓前进。进入四合院道地后，狮子首先要到中堂去拜观音菩萨像，随后去盘走廊上的所有屋柱子，再进屋内挨各个灶头拜见。而后，由引狮人边擂钢叉边带狮子在道地上"闹四门"，即在东南西北四个角上表演，接着再由狮子抢含灯笼，一般为五盏。狮子表演时讲究表情，有搔痒、抖毛、舔毛等动作，惟妙惟肖，逗人喜爱。

　　第二环节为武术表演，表演张氏族棒、族拳。张氏祖传族棒有架子八字马、夹一马、夹柴、砍柴、闷柴、抽柴归身、来柴落地、大小四门、大刀拨、黑风棍（猴棍）、排子（对打）、花棒等13路，一般由8人轮流开打。族拳有小金刚、立脚虎、杨洪拳等3路，由4人轮番表演。

　　第三环节为特技表演，如在八仙桌上由4人跳桌角、鲤鱼翻身、鲤鱼过滩（人从八仙桌上跃过）及狮子翻捣臼等。遇上户主有不生育的情况，应主人要求讨"兆头"进行狮子送子，由狮子上楼进入主人房内，到床上躺一下，然后将主人事先放在枕头下的红包拿走（这是主人为表示感谢而特意准备的），接着狮子从楼上窗口跳至屋檐头，再跳到道地上。

最后一个环节，由擂叉者进行"搓稻秆绳""柴爿掉"表演，最后在表演中抓住狮子的头颈，到中堂观音菩萨像前拜3下，表示感谢菩萨保佑。在整个表演过程中，狮子和表演拳棒者中途均有轮流休息的时间，而乐队没有休息时间，始终为表演营造快乐热闹的氛围。每场舞狮的时间有长有短，多的可达到一个半小时，短的40分钟即可完成，平均每场在一个小时左右。

2014年春，力洋村下街头村民袁小兵负责组织起29人的舞龙队伍，其中包括舞龙18人，掌龙珠的引龙人1人，敲锣打鼓6人，预备4人，由桥头胡村胡新光师傅教授舞龙的表演技术，还增加了4只船灯表演。舞龙队除了在每年春节、元宵期间表演，还会在每年农历八月十六日的"力洋村古宅文化节"上进行演出，既丰富了节庆的内容，又为传承非物质文化遗产做出了贡献。

（二）民俗风情

1. 传统节日

宁海县力洋村传统节日不仅数量多，而且内容丰富，有元旦、春节、清明节、立夏、端午节、中秋节、重阳节、冬至、腊八节、除夕等重要节日。

正月十四闹元宵

天下正月十五元宵节，宁海正月十四闹元宵。

明朝嘉靖年间，倭寇侵略我国东南沿海各地，烧杀抢掠，无恶不作。东南沿海百姓对倭寇恨之入骨。倭寇抢掠宁海、象山，宁象两地深受其害，一谈倭寇，人人切齿。戚继光招募民兵，组织"戚家军"，军民协力，分进合击，于正月十四日彻底消灭了登陆骚扰宁象两地的倭寇。至今，宁海沿海村落不少山头上还保留着戚继光平倭寇时相互报警的烽火台，当地人管它叫"烟墩"。

在宁海，跟宁波各地一样，都把蚕豆叫作倭豆。传说戚继光平倭，民间配合，杀了倭寇，提着倭头报功不便，便统一用蚕豆替代，一颗蚕豆代表一颗倭头，于是"倭豆"替代了蚕豆名，直至今天。

宁海正月十四，境庙上灯，有钱人家挂纱灯，小户人家点烛灯，真是万家灯火庆元宵，故亦叫上灯节。十四夜，闹元宵，庙会盛行。行灯会，抬台阁，踩高跷，打龙灯，舞狮子，境庙演戏开场……

遇上晴天，广场上设置一座"走马灯"，按照某一戏剧情节，制成各个角色，在灯台中"走马"旋转，煞是好看，但编的必须是彩戏。

宁海叫"元宵"为"汤圆"，元宵节吃汤圆、吃汤包，还要吃用粳米粉裹馅的"团子"，象征着团圆。

元宵节狂欢回来，夜已深了，家家户户要进行两件事情。

先是燀址界。史载元朝灭了南宋以后，把南方人统称为南人，列为最低等民族，进行残酷压迫。为防止南人反抗，每五家南人编为一个连，派一名蒙古大兵监管；每个连之间设立址界牌，禁止往来。某一年正月十四夜，家家齐动手，杀了胡人，烧了址界牌，俗称"燀址界"。燀址界含有反压迫、反侵略深意。时过境迁，燀址界渐渐演化为趋吉避凶、驱邪祈福、发家致富的民俗活动。

燀址界必须用樟树枝叶焚烧，樟树有芳香，被人们视为辟邪祛污之物。农村多的是樟树，常有树龄几百年、上千年古樟。燀址界有一套祝词：

> 十四夜，燀址界，燀了址界发得快。
>
> 金银宝贝燀进来，肮脏垃圾燀出外。
>
> 燀燀樟树梗，银子锽锽响；
>
> 燀燀樟树叶，银子叠打叠。

燀了址界，就要关上大门，不能进出。

接着是第二件事，全家团坐喝胡辣汤。宁海的胡辣汤是用番薯粉配料制成的，略含辣味，鲜美可口。当年的意义是胡人已经落了汤，不能再压迫南人了。同样，倭寇逃下海去，变成落汤鸡，再也不敢来骚扰了。

与燀址界一样，十四夜的最后一个习俗活动——喝胡辣汤，也渐渐地演化为"大人喝了长力气，孩子喝了会聪明"的祈福民俗活动了。

二月二

宁海又把二月二叫作"落灯节"。宁海"正月十四闹元宵",这天叫"上灯节"。上灯以后,夜夜要点灯,一直到二月二结束,才可把挂在中堂廊前的纱灯(或灯笼)拿下来,俗称"二月二落灯"。"落灯节"表明自元宵以来的节日娱乐活动正式结束,一切要为"一年之计在于春"的农耕劳作打算了。

在宁海,旧俗二月二是读书上学的日子。这天,是儒家亚圣孟夫子孟轲的诞辰。二月二,启蒙孩子第一天读书,叫"送上学",已上学的孩子叫"开学"。二月二上学读书,叫"占鳌头",得好兆。鳌,是传说的海中巨龟,称神龟;鳌头,是巨龟的头。

唐宋时,翰林学士得到皇帝召见,进入殿堂,可以站在镌有巨鳌的殿陛石正中,脚踏鳌头朝见皇帝,古代称入翰林院者为"上鳌头"。科举时代,殿试一甲的三人,即状元、榜眼、探花,可以直接进入翰林院,叫"占鳌头",状元则被叫作"独占鳌头"。

二月二,是有着丰富寓意的节日。它既是春节以来休闲期的结束,又是读书上学、农事春耕等一年事务的开始。

二月十五百花生日

百花生日叫"花朝",又叫"花朝节"。古人把春季分为孟春(正月)、仲春(二月)、季春(三月),季春也叫暮春。"春序正中",是说二月仲春按次序排列正是春季的当中;"百花生望",是说百花生于望日。望是十五日,二月十五日是百花生日,是花朝节。

宁海还把花朝节列为蚕的生日。蚕市的含义是指蚕将兴起之时。宁海虽比不上杭嘉湖蚕乡,但在旧时,妇女养蚕缫丝也遍及城乡。

"百花生日送蚕花"的民俗也盛行于城乡,成为花朝节的一桩韵事。蚕花是象征品,用红、黄、绿三色彩纸剪成一朵朵小花,粘糊在筷子一般长的竹签上,制作成一串串花束,名为"蚕花"。蚕花是象征育蚕发达兴旺的花。

花朝这天,当地境庙中的丐首把近日制成的一串串蚕花插在扎有稻草的竹棍子上,领着肩扛蚕花棍子的丐徒,挨家挨户分送蚕花,名堂叫"百花生日送蚕花"。蚕花送上门,蚕娘以一升米酬谢丐首。丐首走后,蚕娘把蚕花分插在门上、蚕帘子边，再把一枝蚕花插在自己发髻上。插好蚕花，算是讨到吉利，预卜今年春蚕兴旺，养好蚕宝宝，招财又进宝。一切停当，蚕娘拿起扫帚，从外往内扫，叫"扫蚕花"。在蚕乡，新娘子第二天起来也要扫蚕花，也是从外往内扫，扫进蚕花准备做蚕娘。

"城中桃李愁风雨，春在溪头荠菜花。"这是南宋大词人辛弃疾《鹧鸪天·代人赋》一词中的名句。荠菜生长在溪头地角，甘居田野，不讨肥力，不愁风雨，生命力极强，花朝时节，盛开白色小花，却占尽春色。荠菜是农村贫民度荒的粮草，又是中医治病的良药。荠菜生长在野外，自生自长，宁海人叫它"野菜"。人们喜爱荠菜，把荠菜开放的白色花朵比作白衣百花仙子。在百花生日的二月十五日，年轻女子纷纷到田野去采摘荠菜花，插在自己的鬓发之间，欢庆百花生日。世俗最忌白色上头，白色是戴孝的象征。但在百花生日，插上白色荠菜花等于在头上戴百花，让你永葆青春，百无禁忌。

"春天孩儿面，一日变三变。"说的是春天晴雨很难捉摸。人们期待百花生日的"花朝"有一个丽日晴空的好天气，去郊游，赏百花。明朝大戏剧家汤显祖的《花朝》诗道出了人们的心声。诗云："妒花风雨怕难消，偶逐晴光扑蝶遥。一半春随残夜醉，却言明日是花朝。"

三月三

《论语》中记载了曾皙回答孔子一段谈志趣的话。曾皙说，暮春三月，穿上了春装，跟一批年轻人到沂水去痛痛快快地洗浴一番，在舞雩这座求雨台上吹吹风，然后唱着歌回来。曾皙是用沂水洗浴、舞雩吹风这一活动谈自己希望的隐士生活志趣，所举事例正好是春秋时期人们在暮春三月的上巳节浴水消灾、洗濯心灵的节日活动。

宁海民俗，三月三煮天下饭。

三月三，青年男女起个早，携着炊具，来到溪边或井边，也可以在自家天井中，露天搭灶，一起动手，分工合作，煮出一锅饭来，名堂叫"天下饭"。各人摆出带来的菜肴，一起吃饭，叫作"三月三吃天下饭"，说是吃了"天下饭"，人会更聪明。

宁海的"三月三吃天下饭"节日活动，颇有点魏晋遗风。

四月八

宁海的四月初八是牛生日、浴牛节,此习俗源自"天牛下凡"的神话传说。

传说管天下的佛祖有前世佛、现世佛、未来佛的分工,总称"三世佛"。前世佛是燃灯古佛,一般不理世事,只在人之初时管理过天下。现世佛是释迦牟尼佛,天下大事都由现世佛祖主宰。未来佛是弥勒佛,分管天下一些具体事务,听命于释迦牟尼佛祖。弥勒佛奉释迦牟尼佛祖之命管天下具体事务之时,天下太平,百姓安乐。弥勒是一位挺和气的佛爷,从来不摆架子,一天到晚挂着笑容、腆着个裸露的大肚子坐在那儿。百姓来朝拜,看着这大肚子有趣,便有人开了个头,在大肚子上摸了一把。这下,学样的人多了,你摸一把,我摸一把。人们的手脏,把手上的泥浆都沾到大肚子上去,白肚皮变成花肚皮,再变成黑肚皮。人们还演绎说,摸了佛肚皮,会有好运气。和善的弥勒佛被弄得哭笑不得,只好去向佛祖释迦牟尼诉苦。释迦牟尼佛祖听了,认为这是天下太平、百姓闲得无聊之故,该让百姓有事做,忙一点,就不会来胡闹了。于是,佛祖叫来天牛,吩咐它把天上百草宫中的百草选一两种撒到大地上去,让地里长草,影响庄稼生长,百姓就会去拔草,就会有事做,就没工夫再来摸弥勒佛的大肚子了。天牛只记牢"百草",忘掉"一两种",就把百草统统撒下大地。大地上百草丛生,田荒草没,百姓拔不胜拔,庄稼断割无收。百姓断粮了,闹饥荒了,痛苦难言。弥勒佛看着不忍,又去告诉佛祖。佛祖得知百姓如此痛苦,立即叫来天牛,责备它鲁莽行事,罚它下凡去,一边吃草,一边替百姓耕地除草,除尽百草,方可再返天宫。长草容易除草难,千百年来,大地上杂草丛生,生生不息,始终除不完、吃不尽。天牛也就铁了心,留在人间除草、吃草,不上天宫。从此,天牛变成凡牛,传宗接代,以草当食,替人们耕作。天牛下凡这一天是农历四月初八日,于是,人们把"四月八"定为牛生日。

宁海人十分重视"四月八"这一农耕节日。这一日,养牛人家将牛全天放耕,替牛做生日,让牛快快乐乐地过节。早上,给牛角挂彩,牵牛到水边,让牛喝个痛快,叫"放牛水"。中午,捣乌饭麻糍,让牛吃麻糍,喝黄酒,喝鸡蛋汤,过生日。中餐后,牵牛到河里去,让牛沐浴个痛快。晚上,又是一顿美餐,然后铺上新稻草,让牛在栏里美美地睡觉。

乌饭树是山上一种野生木本植物。在四月初八前一天,采折来带枝叶的乌饭,榨成汁水，汁色深蓝。用此水浸糯米，浸过一夜，米色变成乌蓝色。将米蒸熟放在石臼里，配上黄糖，捣成乌饭麻糍，香甜可口，人畜皆宜。乌饭树是木本植物，其枝叶可作烧柴，故有"四月八吃柴脑"之说。

牛吃柴脑，人也吃柴脑，俗称"人牛分食一半草"，以报答牛为人们除草、耕作之功。

乌饭麻糍，今天已是宁海城乡人民过节的民俗食品。

六月初三送寒衣

宁海县西乡桑洲镇有个古老寺院，叫海云寺。海云寺附近有两个紧邻的山村，一个叫孟家，一个叫姜家。两家共养一女，叫孟姜女。秦始皇造万里长城，抓夫役，要抓一个叫万喜良的人，一可抵万的万喜良逃奔天涯。他逃到宁海县桑洲镇，躲进孟姜女家。姻缘注定，孟姜女嫁给万喜良，结了婚。追兵寻到孟姜女家，万喜良被押解去长城，夫妻被活活拆散。

六月初三，孟姜女动身送寒衣，送到长城，万喜良早已被填压在长城底下了。孟姜女哭倒了长城，投海自杀。孟姜女、万喜良阴魂相会，双双飘飘悠悠来到桑洲镇海云寺。也是六月初三这一日，孟姜女夫妻俩恢复人形，登上海云寺的一块石头，升天而去。海云寺旁的这块石头上，留下一男一女的脚印，男的脚趾分明，女的是一只小脚。这块石头被叫作"升天石"，至今仍存。

新近，宁海县西乡的王爱山岗发现一座古寺永乐寺。永乐寺后有三间小殿堂，塑有孟姜女像。永乐寺的西首有一块石头，石头上有一男一女两个脚印，女的脚印是一只三寸金莲，脚尖朝西，踏在男脚印的里面，说是孟姜女夫妻俩在此升天时留下的脚印。

农历六月，正是酷暑炎天，也是宁海的旱季。六月初三，孟姜女哭哭啼啼送寒衣上路，眼泪化为及时雨，民俗中便把六月初三认作是"雨期"，叫"六月初三送寒衣"。

孟姜女如此坚贞守节，为丈夫万里送寒衣，哭倒长城，魂归故里，升天成神，受人尊敬。于是，六月初三也成为孟姜女的香火期。

六月六

六月六这天,农户人家把新麦磨粉,凭家庭主妇的巧手制成各式各样的麦食,名曰尝新,实际也是喜庆丰收。在宁海,著名麦食有东路麦糕、西路麦饼,还有馒头、花卷种种。

六月六尝新节是宁海的民俗,有着悠久的历史。远在春秋时期,就有新麦登场的六月六尝新节。据史书记载,晋景公病入膏肓,请来名医扁鹊的弟子高缓治病,当时是暮春时候,高缓诊断景公新麦难尝,即活不到尝新节。到了六月六早上,晋景公还活着,认为高缓危言耸听,准备惩罚。不料,中午时分,侍从捧上新麦粥让景公尝新,粥碗还没碰着嘴,就一命呜呼了。

粒粒皆辛苦,劳动果实来之不易。六月六是预测雨水日。宁海农谚有"六月六晒得瓦爿翘,勤力得(被)懒惰笑",就是说如果六月六是个大晴大热天气,这一年可以雨水调匀、农业丰收。

六月六,晒红绿,同样希望六月六是个大晴天。六月六一早起来,见那晴空万里,人们喜笑颜开,翻箱倒柜,把红红绿绿的衣被统统拿出来曝晒。读书人则打开书箱,把古籍和书画一一拿出来曝晒。如果是群居大宅院,晒的东西多了,竟像百花争艳,煞是有趣。六月六晒过的红绿、书画,可以防蛀。这话不假。六月六日照猛,紫外线强,杀菌力特别强,防蛀自然更有力了。

宁海有个传说,六月六是狗生日,含有图腾说法。狗要洗浴,六月六如果下雨,就会有"三十六跤赶狗阵",也就是说要下三十六场大雨。雨水太多,会影响农业收成。所以,人们希望六月六是个大晴天。

七月七

农历七月初七晚上叫七夕,是中国民俗中的女儿节。七夕,是牛郎、织女鹊桥相会之夕。鹊桥,是喜鹊为了让牛郎、织女在天河上相会搭的桥。

宁海城乡到处有井。七月初七,姑娘们一早起来,纷纷到自家习惯用水的井边去打水梳洗头发,叫洗头节。洗头节洗头,用的是木槿叶汁,配上井水,调成胶状,敷在发上搓揉湿透,然后打来井水冲洗干净。洗后,青丝如鉴,容光焕发,叫作"貌巧"。

七夕前夕,姑娘们采来凤仙花,加上些明矾,拌匀捣烂,包扎在十个指甲上。

包扎一夜，初七早晨起来拆开包扎，尖尖十个指甲红艳如花，叫作"手巧"。

初七如遇上晴天，姑娘们把自己裁剪、缝制入时的衣服、装饰品等晒在庭院里，一时五彩缤纷、琳琅满目，叫作"展巧"。

七夕，华灯初上，家家院子里摆起五色供果，一家人叩拜七娘，叫"七娘祀"。同一时间，用端午节系在孩子臂上的五色丝长命缕，缚好祀后供果，抛上屋顶，让去天河搭桥的喜鹊带去当点心，叫作"换巧"。

入夜，姑娘们七人一组，组成七姊妹，晴天对弯月，阴雨对天空，穿针引线，口里念着《乞巧歌》："乞手巧，乞貌巧；乞心通，乞颜容；乞我爹娘年千百岁，乞我姊妹千万年。"姑娘中穿针最快最准的，被公认为得巧。也有对着银河念："七姑星、七七星，七月七日一口气念七遍会聪明。"谁一口气念上七遍，谁就得巧；换了气的，就得拙。

在一盆水里放上一枚绣花针，摆在月光下，月光映出水底倒影像剪刀，或者像花儿、鸟儿，就算得巧；看上去仍是一枚绣花针，无异样，就是得拙。

捉一只喜子（蜘蛛），放进小盒子里，盖实盖子，露天过夜。第二天一早打开盖子，盒里喜子网结得又正又圆，就叫得巧；喜子网结得歪斜或者无网，就叫得拙。用喜子结网乞巧，正是南朝遗风。

用一只罐子，盛上贮存的天落水和井水各半，露天过夜，叫作"接牛女泪"。第二天起床后，用这"牛女泪"洗眼睛，说是年轻者眼神更好，老年人会眼目清亮，也叫得巧。

还有用镜子照瓜果，放巧芽，看巧影，乞聪明巧，以及摆巧果，请织女品评问巧，乞烹调巧等活动。

晴朗之夜，姑娘们约伴七人，一起在院子里露宿，盼望着七夕之夜南天门大开的际遇。所谓南天门大开，就是这晚半夜时刻，南天星空升起一朵红云。若是南天门开了，见者会心灵手巧、幸福一生；如果红光照射到院子里来，将使这所院子遍地黄金。可是，自古以来，包括宁海在内的江南各地，谁也没碰上过这一奇遇，只留给人们一种神奇传说和美好想象。然而，这种现象是有的，古代人叫它"天开眼"，其实就是科学上说的"极光"，只是我们南方人难以见到罢了。

姑娘们喜欢七夕，爱七夕，更同情牛郎、织女。为了让牛郎、织女多相会些时光，有的竟忍痛把家里养的报晓鸡宰了，免得金鸡一啼，牛郎、织女不敢久留。

七夕，有女儿们许多的民俗活动，真的是名副其实的女儿节。

七月半

道教宗奉三官大帝，分上元、中元、下元，又称为三元大帝。七月十五是地官生辰，道教称中元节。

在宁海，中元节又叫七月半。七月半是保稻节，因此农村各地往往把庆地官生辰和保稻节连在一起办道场。

七月半，正是单季稻扬花吐穗季节，是宁海农谚所说"稻出烂灿，廿日见饭"时候。中元节合七月半，为地官做生日，让地官来保稻，是一举两得。保稻祭礼丰盛，必须全猪全羊三副，所谓以"少牢"之礼祀之。古时以牛、羊、猪为祭礼，称之为"太牢"，是帝王祀礼；以猪、羊为祭，则是"少牢"，为诸侯祀礼。

保稻仪礼隆重，必须由取得道家"火帖"的正宗道士为主司，戴紫巾冠，穿龙袍，着乌靴，上坛领众祭祀。早晨辰时开坛，午后未时收坛。辰为阳土，未为阴土，阴阳交合，五谷乃结。开坛期间，道士踏罡步斗，乡里首事焚香叩拜，乐声大作，祈求地官大帝保佑水稻丰收。收坛后，主事人把猪羊祭品赊售给村民，欠款一年，明年保稻时收款，用作再购买猪羊之费，年年如此，名叫"分保稻肉"。此种循环方法，解决了保稻用猪羊的经费问题。在大的村庄，保稻之后，是请来戏班演戏，名叫"保稻戏"，一般要演三天三夜。如能请到当时走红的"大四喜"京戏班，村众将以此为荣。

七月十五日是佛教地藏菩萨生辰。道家庆地官，佛家庆地藏，很是巧合。

地藏就是目连，是释迦牟尼十大弟子之一。

传说目连母亲生前要吃火烹羊，死后被打入地狱底层，受倒悬之苦。目连得道，要入地狱救母。释迦牟尼感于目连孝心，口授一卷《盂兰盆经》。盂兰盆的意思就是解救倒悬。释迦牟尼叫目连在他七月十五生日那天，准备百味饮食，供养十方僧众，为母赎罪，可解脱其母在地狱倒悬之苦。目连遵奉师命，一一照办。然后只身进入地狱，救出母亲。传说其母后来做了"施风婆"，即风神。传说目连母性情古怪，天帝叫她夏季施尖风，让世人凉爽，冬季施和风，让世人暖和，她偏要夏季施和风，冬季施尖风，弄得世人热来热煞、冷来冷煞。

在地狱，目连见各类鬼魅受尽刀山火海之苦，大大不忍，立下宏愿：地狱不空，誓不成佛。释迦牟尼封他为幽冥教主、地藏菩萨。目连一直留在地狱，做他的地藏菩萨。于是，七月十五日也是佛教的盂兰盆节。

七月十五夜，宁海城乡要举行"盂兰盆胜会"。商店最热闹，展出各类花灯，举办猜灯谜活动，娱乐通宵。民间则打狮子、走马灯、驶船灯，俨然是个小元宵。

七月十五日又是民间祭祖节，七月半请太公，家家户户要进行。这是儒家"春秋奉祀"的孝道礼仪。

七月十五日——中元节、盂兰盆节、祭祖节，是一个集儒、释、道三家教义于一炉的节日。

八月初三请灶山

农历八月初三是民俗神灶神生日。

灶神有多种称法，在宁海，书面语称灶神、东厨司命，口语称灶王爷、灶君菩萨、灶司菩萨、灶山菩萨。

宁海把灶上烟柜通向烟囱这一带范围叫灶山头，在横的烟柜通向直的烟囱的转折处，直竖突出一个长方小屋，就是灶神住地，名叫灶山屋。灶神多数用纸制，一年一换；也有木雕的，一年一洗。前者是贴在灶山屋里，后者是摆放在灶山屋里。灶神原是民俗神，人们称他为菩萨，并不是他已成为佛教神，而是对他的尊称。因为灶神是与每家之人日夕相处、关护一家之神。

灶神来历有三种说法。

一说是炎帝死后做了灶神。炎是烈火，属火德，烧灶离不了火，而且炎帝就是神农氏，是教民农耕、种植五谷、使民有食物的祖先。

一说是黄帝死后当了灶神。黄是土色，属土德，筑灶离不了土，"灶"就是由"火""土"构成。炎黄是汉人祖先，后人都是炎黄子孙，奉炎黄为灶神，如同奉祖先在灶，祀灶即祀祖，有双重含义。

一说是祝融死后当了灶神。祝融是天上火德星君，火德管火灶，是平安保障。而且祝融原是三皇五帝时颛顼帝的儿子，名黎，也是后人的祖先。

三说可以任取一说，也可并存，因三位都是炎黄子孙的老祖宗。因此，在过去家家户户要供奉灶神，称灶神为"大当家"，宁海叫"大当家人"。

旧式房屋建筑厨房面积很大，大户人家至少辟两间，宁海叫它灶间。灶间一般连着正房，直通内房。主妇从内房到灶间，可以不经旁道。灶是内当家主持家务的地方，灶间是内当家司事的场所。兄弟分家亦叫"分灶"。房屋虽小，灶不可缺，只有一间房子也须有灶，叫前房后灶。

宁海把灶叫作灶头，一般都是三个灶门，叫三眼灶，大的是四眼灶。有了新鲜食物，宁海叫"新样食"，多指新登场的五谷、新上市的海鲜，灶上烧煮出来，第一碗就要供奉灶神，叫"上灶山"，让灶山菩萨先尝味，表示亲密和尊敬。一般家庭主妇在"上灶山"时，还要说上一句：涨升滋润，有吃有剩。无论灶神是炎帝还是黄帝、祝融，灶神的俗定生日都是农历八月初三。这一日被称为灶神节。八月初三请灶山，成为千家万户的习俗。

宁海民俗说法是灶山菩萨爱吃印花麦馃，八月初三日上午，家家做印花麦馃。说是麦馃，事实上粳米也可以。把麦粉或粳米粉拌上糖，调上水，揉成小团，放进印糕板里，印糕板底刻有"寿"字，周围刻花纹，一敲，出来的就是一只印花麦馃。这种用木制模型敲出麦馃的方法，叫"敲麦馃"。八月初三中午，家庭主妇在灶上点起香烛，揭开镬盖，把热气腾腾的印花麦馃撮满一大盘，放在灶神面前的卤柜上为灶神庆寿，叫"八月初三请灶山"，也叫"八月初三印花麦馃上灶山"。

民俗认为，灶神是大当家、自己人，但不可以在神像前即灶边胡说八道，家里人也不可在灶间吵骂，灶山菩萨是有善必赏、有错必罚的。这一禁忌，对促进家庭和睦会起作用。"家和万事兴"，口头上说说容易，一碰上难忍时，民俗中的禁忌很起作用。小孩手多，上供食品要去撮；嘴多，不好的话要乱说。童言无忌，大人会向灶神说上一句：小孩勿识法，拉尿浇菩萨。说是这样就化解了。大人则万万不可，尤其是筷子不能乱敲，菜刀不能空斩。因为筷子是灶神的棍子，菜刀是灶神的佩刀。

宁海有个触犯灶神、受到玉皇大帝严厉惩罚的传说：

传说古时有个姓罗名隐的人，本来生就一副皇帝骨头，可以做皇帝。因他母亲为人乖张，在灶上切菜时，常在砧板上切一刀菜就空斩一刀，嘴里咒骂与她不和的人；吃饭时，心中一有气，就把筷子在桌上敲一下，骂一声。灶神被她搞得很不舒服，便趁着十二月廿三上天奏本的机会，把罗隐母亲的乖张事全奏与玉帝听。玉帝听了也心中有气，认为让有这样乖张之母的儿子做了人间皇帝，天下百姓要受苦了，便命雷公去雷击罗隐，不伤身，只把帝王骨换为讨饭骨就行。猛烈的雷击声追逐着罗隐，罗隐无处逃遁，只好躲进房里，用嘴咬住马桶唇（便桶边沿）不放。结果，罗隐的骨头被换了，四处流浪，只留下一张帝王的"圣旨口"。

十月半

农历十月十五日，是道教宗奉的三官大帝的第三位水官生日。按照天官正月十五生日为上元节、地官七月十五生日为中元节排列下来，水官十月十五生日就是下元节。

据道家说法，水官主化，化育万物。万物不能离水，人的生活也离不了水，原始时早就有了"水的崇拜"。水官大帝就是人类对水崇拜的化身。

道教尊奉水官的全称是"下元三品五气水官解厄洞明大帝"。水在五行中属阴，十月是冬季开始、阴盛阳衰的时令，水官主事。古人认为，"阴"与冥府有关，就把人世叫"阳间"，冥府叫"阴间"。死去的祖先在阴间，水官能解厄，于是便有下元节求水官解厄的习俗。

宁海民间把十月十五日列为祭祖期，俗名"做十月半"，亦叫"十月月半节"。宁海十月半请太公，虽不及春秋二季祭祀祖先那么隆重，但因有些大户人家把下元节与十月半合在一起，请水官解厄，请太公保佑，施焰口，放水灯，这就热闹了。

放水灯是请水官解厄最隆重的一种道教活动。放水灯地点要选择在溪边河道，道士在岸上扎起三只大草船，每只船上插三支长竹桅杆，挂上纸制船帆。三支桅杆表示三官在位，水官主事。每只草船上扎有舵手、水手，船舷上遍插红烛。岸上竖起一根高大竹竿，竿顶悬挂一盏大灯笼，内插大蜡烛。入夜，岸上、船上红烛高烧，道士向天烧发"文书"，推船入水。草船缓缓向下游流去，直至船帆远去，烛火无光，水官解厄活动才告结束。

下元节之夜，遇上明月当空，同时又有几家一起放水灯，月光下灯火点点游动，正如众星捧月、星月交辉，会招来不少观众，有的还在岸上一路追随水灯漂去，简直是另一种灯节、灯会。

水灯放毕，人们评头论足、说长道短，谁家水灯夺魁、谁家水灯居后，议论与争论声增添了节日气氛。

十二月廿三

农历十二月廿三日晚上,民俗认定是灶神上天的时刻,要进行祭灶、送灶活动。宁海叫灶神为灶山菩萨,奉其为一家之主。灶神终年坐在灶头上,只在十二月廿三日上天奏事。

灶神上天是向玉皇大帝汇报工作,他要把所在一家人一年到头干的好事坏事都报告给玉皇大帝,作为玉皇大帝赏善罚恶的根据。人们希望灶神上天奏事能隐恶扬善,对于十二月廿三日晚上的祭灶、送灶礼仪十分重视。

宁海旧俗祭灶、送灶,一般用三荤两素菜肴,还有糕点果品,加上醇酒,供请灶神。祭灶结束,撕下灶神纸像及联额,在灶山上的香炉中火化,行礼如仪,叫作送灶。

灶神上天奏事,来去需要七天,回来时已是除夕,因此除夕也是接灶节。

宁海民俗,在十二月廿三日送灶后的次日,即廿四日,要进行一次将角角落落打扫干净的大扫除,叫作"掸尘"。

到了除夕,人们在灶山屋上贴上新的灶神像;贴上横批:东厨司命;贴上对联:上天奏好事,下界保平安。接着,点起香烛,摆上与送灶一样的菜肴、醇酒、糕果,增加一份新捣的过年糯米麻糍,全家向灶神行礼如仪,祈求灶神保佑家门吉庆、来年更好,叫作接灶。

接灶礼仪完成后,便是除夕活动了。

2. 人生礼仪

哭 嫁

旧时,囡出嫁,做娘的舍不得女儿离开,总是要哭一阵,叫"哭嫁"。"哭嫁"也有个来历,缘起反倒是一场不吉利的恶哭。

传说古时候,有个村庄里住着个忠厚老实的泥瓦匠,生下小囡未满周岁,老婆便死了。泥瓦匠做工度日,雇不起奶娘,只好自己又当爹又当娘,叫小囡苦囡,叫惯了,苦囡当了名字。苦囡会走路了,好心的邻舍帮着照顾,泥瓦匠这才去做工。积起了一点钱,泥瓦匠肚里忖忖,囡总要娘,就讨了个后妻。后妻做了后娘,开始对苦囡还不坏,等到生了个儿子,便把苦囡看作眼中钉、肉中刺，不是打，就是骂，真的是"六月日头，后娘拳头"，让苦囡吃足了苦头。可怜苦囡一日到夜，做的是差生活，吃的是苦东西，穿的是破衣衫，终于苦熬到了十六岁，成了人。后娘巴不得早点把苦囡赶出门去，便自作主张托人做媒，寻了一个呒爹呒娘的穷家子，想把苦囡嫁给他。泥瓦匠是老实人，后妻做主了，自己无主见。

穷家归穷家，出嫁礼数省不了。出嫁那天，苦囡快上轿了，后娘发出了一阵哭声，嘴里夹杂着咒骂。她哭着咒着：

啊唷苦囡唉，
侬苦命是天生，
从小克了娘！
啊唷苦囡唉，
侬苦命万事难，
起屋也天火烊！
啊唷苦囡唉，
侬苦命真倒霉，
到了夫家邻舍合勿来！
啊唷苦囡唉，
侬苦命真叫苦，
生个小囡呒屁股，
生个儿子勴走路！
啊唷苦囡唉，
侬苦命勴出头，
一年四季都是愁，
夫妻两人勿到头！
……

泥瓦匠听了，气得熬不牢，又没办法。

看出嫁的人听了，都不服，不说话。

苦囡听了，眼泪倒咽，咬住牙，带着一肚委屈和怨气上花轿。

到了夫家，苦囡打定主意要争口气，要让后娘咒骂她的话变成反话。夫妻俩商商量量，养鸡养鸭，养猪养羊，田边地角，寸土必争。就这样，他们同心合力，起早贪黑，省吃俭用，十年之间，拆掉了老屋片，造起了新楼房，儿子一双，老酒一缸，成为一户稳当当仓谷头牛的殷实人家。

泥瓦匠过世了，后妻生的儿子不争气，嫖嬉浪荡，不知去向。

后娘后悔了，待苦囡太恶。苦囡气量大，不计旧恶，照顾她，让她安度晚年。

苦囡的故事传开了，人们都说哭嫁好，哭哭会发，越哭越发，从此囡出嫁都作兴哭嫁，只是哭词已改头换面，纯粹是吉利话。

哭，本是不吉利的。但自从哭嫁婚俗流传下来，在女儿离娘家的一刻，母女情深，做娘的可以公开大哭一场。此时，表一表生离之痛，解一解胸中之苦，抒一抒母女惜别之情，也是一件好事。轮到有些大户人家的夫人贵妇、太太奶奶，女儿出嫁要流泪是常情，要她们抛头露面、走出房门当众大哭，那就难了。可不哭不发，为了不耽误女儿，非哭不可，于是只好请人代哭。这一来，"代哭嫁"的专业兴起了。旧时，一个大村落里往往有多个"代哭嫁"专业户，其中不乏"堕民"。又因各地乡风不同，哭法（其实是唱法）差异较大，至于哭词，免不了祝福之类，大同小异。

（三）民间文学

1. 传说故事

茶山的来历

远古时，茶山的山名叫员峤，传说原来是东海五大仙山之一。

东海五大仙山是：一岱舆，二员峤，三方壶（即方丈），四瀛洲，五蓬莱。五座山都是高山，山顶平坦，山脚周围有三万里。山上有飞禽走兽，有宝树丛生，果实味美，吃下可以长生不老。山上住的都是神仙，各山距离虽有十万里，神仙会飞渡，一日一夜之间可以往还。只是各山在海上随波上下，没有驻足之所。

山上众仙把居地漂浮不安定的状况禀告天帝。天帝担心仙山流失到西极去，群仙就没有好居处了，便下令禺强派遣巨鳌（大海龟）去载住五座仙山。禺强是海神，人面鸟身，管辖群鳌。他奉天帝之命，派出十五只巨鳌，要求用鳌首顶载仙山，每一座仙山由三只巨鳌承载。

仙山稳在海中了，不料被龙伯国知道了。龙伯国是大人国，人人身高几十丈，赶来钓去了六只巨鳌，宰了巨鳌，烘烤了甲骨用作占卜，即龟卜。于是巨鳌承载的岱舆、员峤两山失去依靠，岱舆沉入大海，员峤漂流到三门湾畔的宁海东部沥洋，驻足于沥洋北隅，即今之茶山。东海只存留下方丈、瀛洲、蓬莱三座仙山。

员峤有了落脚点后，林木生长迅速，郁郁苍苍，美如华盖，吸引了不少文人墨客前来观赏，遂被命名为盖苍山。

后来，有一白衣道者，一说是蓬莱大仙，来到这里植茶，山上又有了上乘珍品云雾茶。因此，人们就直称此山为茶山。

此即方志所载"盖苍山一名茶山"是也。

（摘录自《茶山传说》，作者叶柱，有删改）

磨注峰的得名

磨注峰，海拔872.6米，是茶山的最高峰。清光绪《宁海县志》有如下的记述："春夏间，雷雨倾注，上仍白日，但闻足下如旋磨声。"

民国时期，有一年的春末夏初时候，一天午后，有小伙伴一行七人相约去登磨注峰挖山黄精。山黄精是一种野生补品，中医把它当作党参的代用品。磨注峰上盛产此物，就因为坡陡峰高，登峰太难了，所以山里的孩子都不敢去攀登。他们从南峰岗沿"龙形"步道攀登，三个大一点的体力强，早已登上小磨注向着磨注峰攀登，留下的四人还在"龙形"步道爬山。前面三人已经不见，后面四人掉队了。就在此时，刚刚还是红日当空，突然风起，顷刻之间，乌云密布，一声闷雷，接着雷电交加，暴雨如注，隆隆之声如旋磨一般不绝于耳，霎时天昏地暗，对面不见人影。四个少年吓得几乎要哭了，他们互相呼喊着，好不容易摸到一块儿，抱成一团，挨着淋雨。幸亏暴雨时间短，很快云散天晴，四个少年已变成了落汤鸡。他们不敢再登磨注峰了，便各拣岩石坐下，等着登峰的伙伴下来。

三个登上峰顶的少年，踏上那面积十余亩平台般的峰顶广场，见那绿草如茵的草地中长着不少山黄精，便兴致十足地挖起黄精来。正挖间，他们忽然觉得脚下好像有旋磨声，朝下一看，脚下峰峦全被黑云笼罩，雷声如旋磨般响个不停,大雨如注;抬头望,天空无一丝云彩,阳光照样洒落在峰顶上。三人惊奇极了,不知峰下四个伙伴怎么样了,但又无法联系,只好加紧挖掘黄精,待黑云一散便下山去。

果然,不多时脚下的黑云团消散了,真的是来得快散得快,旋磨声也没有了,黄精也挖够了。他们惦念着伙伴们,便下山了。

登峰的三个少年下来了,每人手里挈着装满山黄精的布袋,身上没有一丝雨渍,坐在岩石上等候的四少年脸上还在滴水,他们相视笑了。双方一交谈,证实峰顶上是红日当空,峰下是黑云遮没,只听见旋磨声在山谷间盘旋,雨水像从石磨中旋注出来一般,说它是"磨注",一丝不假。

"磨注"是茶山最高峰的奇特天象,"磨注峰"的得名亦可说是奇特天象的印证。

(摘录自《茶山传说》,作者叶柱,有删改)

百丈岩

百丈岩,又叫百丈水,是挂在岩上一道大而长的瀑布。

传说远古时期的员峤仙山落户在此之后,南坡日照时间长,丛林茂密,乔木参天;北坡日照时间短,仍然是悬崖峭壁,怪石嶙峋,百丈岩就坐落在此坡最险要之处。

百丈岩上的百丈水瀑布是茶山人小二十多道瀑布之最,号称百丈,即千尺。这样的大瀑布可谓少见,何况它连接的是上百丈、中百丈、下百丈,然后直冲龙潭峡谷,飞流直泻,蔚为奇观。

在古员峤时期,北坡只有百丈岩,还没有百丈水。员峤晚期,仙人们纷纷离开,留下一只神鹰和一只神猴守山。神鹰在天空巡视,神猴在山间奔走,一在天上,一在地里,互相配合,守望仙山。

又过了若干年,一天,因长期暴雨,山顶盆地上的天池水满裂口,大水涌向北坡,集中到百丈岩直冲下来,百丈岩变成了百丈水。忠诚守山的神猴见天池失水,想引回大水,奋不顾身冲进百丈水里,却被直泻飞流冲到百丈水底峡谷,淹死了,化为状似神猴的水中岩石。神鹰在上空一见神猴被水淹,便立即扑翅直投水底峡谷,也淹死了,化成了状似神鹰的水中岩石。现在在百丈水的底下龙潭峡谷中,仍然可以看到一鹰一猴的两岩拱峙,状似亲密无间,令人为传说中的鹰、猴忠于职守、义薄云天的高尚品质而赞叹不已。

从此,百丈水瀑布一年四季都是飞流直泻,供人欣赏,人们还更欣赏鹰猴护水传说。

茶山的山隍土地十分钦佩这石鹰、石猴的忠诚和义气,为了让后人能舒适地观赏百丈水全貌,便用了移山之术,在百丈水对面的山腰地带移来六丈高的一连串岩石,一路横排到坡下的龙潭村附近,绵延十华里,人们称它是排岩。人在排岩间穿行,是百丈水观瀑的最佳位置,也是居高临下观看鹰、猴两岩水底形象的最好看点。

(摘录自《茶山传说》,作者叶柱,有删改)

七姐妹岩和金鸡岩

古时,在幽僻的茶山上住着七姐妹,她们模样儿一样,穿戴也一样,个个生得千娇百媚,真的是鱼儿见了要下沉,雁儿飞过会落地,对着花儿花闭合,望着月儿月含羞。姐妹七人同眠、同起、同劳作,亲亲密密,相依为命,过着逍遥自在的生活。七姐妹最爱清洁,她们劳作一天以后,当夕阳晚照时,便手挽手地到桃花溪美女瀑去,让那里的清泉瀑布把一头秀发冲洗得光彩照人,然后又手挽手地到山下的海边去洗澡,洗好澡,又披着晚霞翩翩地回山去。

七姐妹天天洗浴,惊动了正在海底修炼的一条泥鳅龙。这条泥鳅已经修成龙形,可是凡心不死。它窥见了七姐妹那似粉如玉般的躯体在大海里游动,淫心大起,立即掀起一股黑浪想把七姐妹卷入海底。七姐妹骤遇黑浪卷来,一时惊慌失措,几乎被卷了过去。说时迟,那时快,七姐妹手拉着手组成一堵人墙,冲出恶浪。等到第二个黑浪卷来时,她们早已游到岸边。姐妹们上了岸,换上衣服,正待回山。突然,阴风惨惨,腥雾漫漫,日色无光,天地昏暗,分不清东南西北了。七姐妹吓得抱成一团,蜷缩在岸边。

这时,岸边来了一个黑不溜秋的汉子,调戏起七姐妹来。七姐妹逃到哪儿,黑汉就拦到哪儿。七姐妹无处躲藏,大喊:"救命啊!救命啊!"黑汉嬉皮笑脸地说:"不用喊了,喊破了喉咙,也没有人来救你们的,还是乖乖地跟我去做夫妻吧。"

正当黑汉得意的时候,一声公鸡啼叫响彻云霄。霎时间,云散雾消,一个身披金色羽衣的英俊少年,犹如一道金光从茶山之巅直射下来,顷刻之间站到了黑汉面前。少年大喝一声："不得无理！"黑汉想不到竟有人前来干涉，心中大怒，立刻就地一滚，现出了原形，竟是一条三丈长、顶着巴斗大的龙头的泥鳅龙。泥鳅龙喷着白沫，张着血盆大口，向少年冲来。少年把身子一摇，也现出了原形，是一只高达一丈的金色大公鸡。金鸡扑腾两翅，掀起一阵狂风，将泥鳅龙喷吐的白沫刮得无影无踪；接着又是一跳，跨上龙背，只一啄，就把泥鳅龙的一只眼睛啄瞎了。泥鳅龙负伤后兽性大发，一边狂号，一边把金鸡紧紧卷住。金鸡被卷得几乎透不出气了，头慢慢地低垂下去，羽毛片片地被撕落下来。七姐妹见此情景，齐声叫起来。尖叫声刺入金鸡耳鼓，金鸡猛地昂起头来，对准泥鳅龙另一只眼睛又一啄。整双眼睛被啄瞎了，泥鳅龙晕死了过去。金鸡纵身跳了起来。七姐妹合力敲打泥鳅龙，泥鳅龙跌入沙滩死了，变成了一堆乌黑的岩石。后来，人们管这里叫"乌岩坑"。

　　七姐妹经过这一搏斗，累得气喘吁吁，好容易才缓过气来。她们正要向金鸡道谢救命之恩，金鸡却不见了。姐妹们上山寻找，猛抬头，只见高高的山崖上耸立着一只羽毛稀疏的金鸡，可是已经化成岩石了。

　　七姐妹望着金鸡岩石，眼泪一串串地流了下来。她们感谢金鸡的急公好义，哀悼金鸡的不幸身亡。姐妹们盈盈下拜，向金鸡发誓：化岩石，伴金鸡，报答大恩。这样，七姐妹携手肃立，眼望金鸡岩，终于遂了心愿，变成了岩石，与金鸡岩遥遥相对，这就是七姐妹岩。现在，登上茶山，七姐妹衣袂飘飘，亭亭玉立，凝眸远眺，还在一往情深地注视着金鸡。行人至此，无不为之肃然起敬。

（摘录自《茶山传说》，作者叶柱，有删改）

石船台

　　传说羊祜在南洞安居后，发觉南洞后背还有个北洞。南北两洞分别位于七姐妹岩岗的南方和东北方，中间隔着险峻的悬崖峭壁，必须绕过两道山湾，才能由南洞到达北洞。羊祜一路行来，被山湾景色迷住了：第一个山湾，路旁多是"叶下红"树，还有不少两树交叉在一起的"连体树"；第二个山湾是斜坡，下行50米后再折转朝北方向攀登，多是悬崖峭壁，行进中迎面是一道天然的岩石门，宽约3米，两边陡壁高达20米以上，其东边崖石有10米高，1.5米宽，像墙壁一样贴着山崖，人们称为石门的东墙西壁，走近东墙看，墙顶中间凹陷，两边高耸,活像一头骆驼在仰望天空。羊祜一时兴起,拿出笔来,在"墙"上写了几个字。顿时,墙上按字形展开裂缝,有如"田甲由申"的,有如"王主目自"的,至今存在。后人不解其意,说是羊祜相公写的,是天书。事实上,这些字形也只是一种想象。

穿过石门,羊祜来到北洞。北洞门口高约3米,宽约2.5米,比南洞门口高大,但外大内小,洞深只有10余米,不如南洞宽敞。两洞同样是夏季阴凉,冬暖如春。站在北洞口望,东北方向山脊上一字排列着三处高耸的岩石,如福、禄、寿三圣高照,人称三圣岩。特别是离北洞200米经过两崀山坡的东北方向,矗立着高高的状如墩子的大岩石,上部隐约如船模样。羊祜一时来了童心,就在岩石上打造起船只来,下层是船台,上面搁着一只捕鱼的石船。羊祜既爱南洞,又爱北洞,就把南北两洞打通。两洞相连,往来方便多了。今天,南北两洞风光依旧,可惜洞的连接处完全堵塞不通了。

每年春汛东海黄鱼盛发时期,羊祜便在石船台启动石船,腾云驾雾向东海驶去捕捞黄鱼。回山之后,又把黄鱼晒成白鲞收藏。年年如此,兴味十足。

有一年春汛时期,羊祜出海捕捞,满载而归。在高兴劲头上,当即劈成鲞,在"三圣岩""石船台"周边晒满,望去是满山黄鱼。羊祜站在北洞口遥观欣赏。正在羊祜赏鉴出神之际,不料一个牧童骑牛经过,见那满山黄鱼,惊奇地大叫起来:"黄鱼爬上山啦!"羊祜被牧童喊叫声惊动,觉得天机被泄漏,一怒之下,便把鱼鲞收起,从此不再出海捕鱼,这只石船也就永远"搁"在石船台上,像生了根一样,人们管它叫"石船台"。

石船这一搁,到今天已有1700多年。羊祜这颇有点顽童式趣味的传说,至今仍脍炙人口,百姓乐道不厌。

到茶山北洞览胜,观赏石船台,最好选择春秋二季夕阳将要西下时候,可饱览美景。

此时,夕阳残照,洒落林间,洒落在石船台上,斑斑点点,疑似碎金;凉风习习,虫鸣鸟唱,恰似那渔舟唱晚,薄雾起处,犹如轻纱漫卷。恍惚间,羊祜一帆归来,渔舟缓缓地搁在石船台上。他跨出石船,笑容满面,不住地捋须,兴致勃勃地向北洞走来……

北洞览胜,让人产生无尽遐思。

(摘录自《茶山传说》,作者叶柱,有删改)

茶山云雾茶

古老的时候，茶山还没有山名。山南边脚下是一片汪洋大海，山坳里散散落落住着几十户人家。那时，人们还不会耕种，专靠打猎为生。野兽肉吃多了，闹得人们眼睛红肿。渐渐地，有些人眼睛看不见东西了，有些人身体一天天瘦弱下去，打猎也不能打了，只好坐着等死。

正当山里人性命攸关的时候，蓬莱、方丈、瀛洲三位神仙从海上云游到此山。他们见到山里人这种坐以待毙的困苦状况，就商量着如何帮他们消灾解难、解脱困境。

蓬莱大仙说："蓬莱岛有仙茶树，仙茶可以清心火、助消化。我把仙茶种拿来，教他们在山上植茶，让他们有仙茶喝，喝了会眼目清亮、健壮长寿。"

方丈大仙说："方丈岛上有仙菜，可以当蔬菜吃，又可以做药。我教他们种菜，让他们多吃菜，吃了长力气、手脚轻便。"

瀛洲大仙笑笑不说。蓬莱、方丈两位大仙问他用什么仙法帮衬山里人，瀛洲大仙说："两位大仙所说的仙法甚妙，能解山里人眼前疾苦，还为他们子孙后代造福。不过，这样一来，他们吃用不愁，不会再去寻生计，世世代代都困在山里头了。"

蓬莱、方丈二仙齐声问："您打算怎样帮衬他们呢？"

"二位请看——"瀛洲大仙大袖一拂，手指向东方一指，"这东面是一个村落，叫岭峧。"又向南边山下一指："这山下是大海。如果能从这座山的磨注峰下的五额头起，把这五个额头峰连接造成一座大桥，直通东面岭峧那个山谷，山里人就可以踏上天桥通向岭峧，从那个山谷出海。山上多的是大树，斫来大树，造成大船，下海捕鱼，出洋做生意，这样过的生活不就像我们神仙一样了吗？"

蓬莱、方丈二仙连连点头称好。

于是，三位大仙各按自己的办法分头行动起来。

先来说说满怀宏图壮志的瀛洲大仙。

瀛洲大仙驾起祥云到瀛洲仙岛，拿来一柄仙斧、一根仙凿，从磨注峰下的五额头开凿，向岭峧山谷方向进行凿山搭桥。这时，月亮刚刚上山，是黄昏时候，大仙站在山顶上，袍袖一展，东海大洋立刻激起一阵大浪，卷起一座座小山，向着大仙所站方向汹涌而来。这时大仙施展仙法，让土地菩萨把东海中的小岛送来当桥墩用。接着,大仙又将手一扬,仙斧、仙凿脱手而去。霎时,半空中金光闪闪,叮叮当当的劈山声响个不停。

月亮落山,东方露白,五额头西角金鸡岩的金鸡报晓了。金鸡一啼,彭坑岭头铜鼓岩的铜鼓响了。正在运山的土地吓得不敢再运,快钻到地底下去了的时候,小岛不动了,散落在海中,造桥停止了。大仙收回了仙斧、仙凿,气得发抖,叫雷神打断了金鸡的下巴。从此,金鸡不啼,铜鼓不响,大仙也被气走,不再来管人间闲事。

方丈大仙驾起祥云回到方丈仙岛,拿来了一包仙菜籽,撒在大山上,顿时满山长出了嫩菜。只因山上树木太茂密,菜苗多被树荫遮住,长出不久又枯萎了,只在磨注峰腰朝南的山地里长了两种菜。一种像枣树,叶瓣丛生,山里人管它叫"山头菜"。这种菜可煮着吃,还可驱蛔虫。另一种像芥菜,但叶瓣细小,只有两个指头宽。山里人叫它"荬菜",质地软,口味好,晒干更好吃。

可是,山里人眼前的困境仍然无法摆脱。方丈大仙也无能为力,劳而无功,走了。

蓬莱大仙驾起祥云回到蓬莱仙岛,拿来了仙茶和仙茶种子。大仙先煮好仙茶,给疲惫不堪的山里人每人一大碗。山里人喝了仙茶,眼肿消退了,毛病治好了,力气也有了,他们向蓬莱大仙磕头谢恩。蓬莱大仙把仙茶种子撒在大山上,撒遍角角落落。霎时间,满山长出了嫩茶,长得最茂盛的是那片广阔的山顶盆地,长得矮矮青青、郁郁葱葱,本是荒凉的盆地变成了一片生机勃勃的绿坡。山里人高兴极了,他们向大仙千恩万谢。蓬莱大仙又教山里人如何种茶、采茶、制茶、煮茶、泡茶和饮茶等系列茶道方法。教会之后,大仙这才驾云回仙山去了。

山里人感谢大仙,就把大仙植下的茶叫作"仙人茶",简称"仙茶",把这座大山叫作茶山。

三位大仙各施法力,最成功的要算蓬莱大仙。他植下的"仙人茶",生生不息,供人采用,取之不尽,用之不竭,造福了山里的人们。

后来,山里人又把仙茶培育成高档的绿茶,就是闻名遐迩的"茶山云雾茶"。

(摘录自《茶山传说》,作者叶柱,有删改)

宗辩献茶

宋仁宗宝元年间（1038—1040），茶山宝岩寺建成，大殿、两厢一应俱全，颇具规模。寺院落成，突然来了一位白衣道者，他背着行囊，行囊里藏着茶根，前来投宿。他要在此山植茶，一连数天，早出晚归。道者从宝岩寺后山路往上攀登，直至山顶盆地，一路遍植茶根。植好茶，再也不见白衣道者的身影。山里人纷纷说，他就是来植仙茶的蓬莱大仙。自此，茶山产茶特盛。到了宋英宗治平年间（1064—1067），也就是白衣道者植茶二十多年之后，茶山茶更加茂盛，宝岩寺的住持由宗辩和尚担任。宗辩是一位品茶家、有见识的人，他熟读茶圣陆羽的《茶经》，亲手培植山茶，使茶山茶以茶色、汤色、叶底"三绿"制胜，声名远播。

在宋代，茶道大行，朝廷、民间都十分讲究茶事。"柴米油盐酱醋茶"，茶是生活中不可或缺的食品；"寒夜客来茶当酒"，茶是待客的礼品。宋时，浙江进贡朝廷的贡茶以越州的"日铸"最有名，大文学家欧阳修曾做过品评："两浙制品，日铸第一。"治平时，京城里有一位端明殿学士蔡襄是福建莆田人。他既是书法大师，又是品茶专家，著有专著《茶录》一书，可见其对茶道之工。他在福建任转运使督造贡茶时，曾开创性地指导制成"小龙团茶"，一时风靡朝野。

宗辩熟谙茶史，久闻蔡襄之名，便带着自己精心制作的茶山茶，千里迢迢从茶山送到汴京（今河南开封），去晋见蔡襄，请他品评。蔡襄被宗辩的珍视茶事感动，热情地接待这位素不相识的山僧，接过名不见经传的茶山茶，仔细观察，认真辨色，公正品评，不觉喜形于色，点评道："品居日铸之上。"贡茶日铸历来位居第一，茶山茶被评在"日铸之上"，这就是说茶山茶是全国贡茶所少见，应当列为超过第一的极品。在当时，这是何等不容易，也是何等光荣。

事隔千年。当年，蔡襄不负宗辩献茶的一番苦心；今天，村里留下茶山千年茶的不朽丰碑。

这就是茶山宝岩寺宗辩和尚献茶的故事。

（摘录自《茶山传说》，作者叶柱，有删改）

茶山龙的传说

獬豸避龙

　　宁海出东门约五十里,有一座海拔近千米的高山,叫茶山。山上有一条直通大海的大溪坑,叫桃花溪。桃花溪的源头上有一个水深莫测的潭,叫龙潭。龙潭里住着一条龙,就是茶山龙。

　　茶山龙的老家在东海,原本是一条海龙。它出世不久,遇上獬豸入侵。獬豸是龙形异种,生性残忍,一角四足,身躯庞大,力大无穷,专要吃龙。小海龙初生犊儿不怕虎,跟獬豸斗了三天三夜,直斗得天地昏暗,日月无光,海浪翻腾,龙宫摇晃。渔船纷纷避走,水族仓皇逃命。小海龙渐渐力气不支,且战且走,从东海战到磨盘洋,从磨盘洋战到三门湾。穿过五屿门后,小海龙一头扎进蛤蟆山嘴那狭窄的港口,来到沥洋海面上。小海龙抬头一望,前面是百里茶山挡住去路,后面有凶猛獬豸跟踪,前无退路,后有追兵。小海龙暗想:待獬豸到来决一死战,死了也为龙族争光。蓦见沥洋东角白岩山脚下系着一叶渔舟,离舟不远处有个山洞满是牡蛎,就是蜡蛎洞。洞口坐着一老一少,老的是个男的,五十开外年纪,慈眉善目,是个饱经风霜的老渔民,正眯缝着眼凝视海浪的起伏;少的是个姑娘,年方二八芳龄,粗衣布服,秀丽的脸庞虽被海风吹得有些黧黑,反而增添了她的健美和俊俏,明净的眼睛如一泓秋水,淡淡的峨眉如纱笼青山,庄重中流露着天真,她倚在老渔民身边,好奇地在问长问短。他们是父女俩,来自象山一个渔村,三天前下海捕鱼,遇上大浪,渔舟漂泊到这里,好不容易才在蜡蛎洞下抛锚,等着海域平静,扬帆回去。小海龙灵机一动,变成一条水红色小蛇,向蜡蛎洞游去。

　　"阿爸,看!"姑娘拉了下父亲的衣角,指着游来的小蛇。

　　"啥东西啊,凤姑?"父亲收回凝视远方的目光。

　　"多可爱呀!一条红彤彤的小蛇,看见吗?"凤姑目不转睛地注视着小蛇击水前来的姿态。

　　小蛇游到凤姑脚下,凤姑摊开春笋般的十指,小心翼翼地把小蛇捧起,放在掌心上。小蛇似乎颇通人意,摇头摆尾,像是在感谢相救之恩。凤姑爱不释手地玩着,老渔民端详着。

突然，一阵哗啦啦的巨响，蛤蟆山嘴港口掀起一股滔天巨浪，浪涛中一道匹练似的庞然大物，冲进了沥洋，跌落在离洞不远的地方，渔舟被一下子掀得与洞口相平。同一时刻，蜡蛎洞里，呼啦啦一阵响声，父女俩回头一看，只见洞往纵深伸展，原来仅丈许深的蜡蛎洞，已变得深不可测了，黑杳杳的见不到底。凤姑连忙把手掌合拢，怕惊吓了小蛇，才发现两手竟是空空的，小蛇已不知去向。原来蛤蟆山嘴港口那声巨响，是獬豸避龙心急，在狭窄的港道中猛冲，掀起了巨浪，一冲进港口便搁浅了，动弹不得。洞中的响声是小海龙见獬豸进港，向洞里猛蹿，因为用力过猛，竟穿透了整座山，落在桃花溪里。

父女俩惊讶不已。凤姑则更多的还是挂念那条小蛇。

日影西移，海潮降落，浅滩上露出了獬豸那庞大躯体，它已经是奄奄一息了。

"獬豸避龙！"老渔民一拍大腿。这位老人从来没有这样激动过。

"阿爸，您说啥呀？"凤姑莫名其妙地望着父亲那激动的面容。

"这回没事了！"老渔民舒了口气，"这几天浪头来得蹊跷，我一直在猜想海里有奇事，原来是'獬豸避龙'。"老渔民自言自语，又像是在跟凤姑解释。

"啥叫'獬豸避龙'，阿爸？"凤姑感到稀奇。

"喏！"老渔民指着海滩上躺着的庞然大物，"这东西叫獬豸，是海里的大坏蛋，在大海里兴风作浪，捕鱼人碰上它，十有八九会丧生。它仗着自身力大无穷，专门与那替百姓行云施雨的龙圣为难，真是坏透了。老天有眼，恶有恶报。今天它自投罗网，冲进浅滩，潮水一退尽，没了水，它有命也保不了。"老渔民兴致勃勃地说。

"那龙呢？"凤姑听得有趣极了，她的目光到处搜寻着被追的龙，可什么也没有看到。

"我看，刚才那条小蛇来得奇怪，去得蹊跷，必定是龙变的，已经穿山去了。"老渔民很是感慨。

凤姑下意识地看了下自己的手掌，又回头看看那无底的黑洞，好像一条金色的游龙从她掌中跃起，穿透了大山，安全地回到了龙宫。

"阿爸，要是龙不跑掉，跟我们回去，养在家里，帮我们村里行云施雨，该多好哩！"凤姑叹息着。

"傻丫头！"老渔民失声笑了起来，爱抚地拍了一下凤姑的头。

潮退尽了，只剩下港里一湾浅水，獬豸搁浅在海滩上，干瞪着铜铃般的眼睛。老渔民招来了避港的渔民，齐心合力，刺杀了獬豸，剥了皮，凤姑帮着剐肉，大家满载而归。凶残的獬豸以害人始而害己终。

洗珠井

　　小海龙穿透了蜡蛎洞，带着一身泥浆，落在茶山脚下的桃花溪里，已是精疲力竭。在溪里歇息多时，便龙滚潭地在溪水中尽情翻滚，洗净了身上的泥垢，顿觉神清气爽。抬头看，离溪不远的西角有一口古井，小海龙好奇地游到井边，井水满满的，一望到底，清澈如镜，像是透着幽香，就用力吸了一口，觉得隐隐有甜味。小海龙猛地想起跟獬豸搏斗时，曾吐用过龙珠，珠子受过污浊，有这样好的井水，何不洗去污秽？于是它立即吐出珠子，放在井水里上下翻腾洗濯。洗毕，龙珠更加耀眼，光芒夺目。小海龙十分高兴，吞下珠子，精神抖擞，回到了桃花溪，逆流而上，不一刻到了龙门潭。眼前是两山峡谷，峭壁陡立，一道瀑布像白练倾泻，中经五道凸岩，五挡五冲，瀑势更猛，如开闸之水一头扎入潭中，是桃花溪中诸瀑之最长最大最汹涌的一个。小海龙到此，尽情地让瀑布在身上冲个够，舒舒服服地游进龙门口，向着茶山龙潭游去。由于此处是茶山龙出入门户，龙门潭、龙门口也由此得名。

　　龙潭位于茶山东北高峰月亮湾深处，又名月边龙潭。过了龙门潭，龙潭就在望了。小海龙到达了龙潭，纵目四望，但见群峰起伏、层峦叠嶂，磨注峰高耸入云，桃花溪奔流入海，百里茶山名不虚传。更可喜的是山幽谷静，龙潭明净如镜，远胜那东海万顷波涛、千层浊浪。这时微风起处，送来山茶花馥郁清香，小海龙深深地吸了一口，直沁心肺，惬意极了，只觉万念皆消。它不想再回东海去了，决心在名山胜潭卜居修炼，求得正果。只是在与獬豸恶斗时幸得凤姑父女俩相救，大恩未报，心头留下了一个念想。

　　再说茶山龙洗过龙珠的这口古井，后人命名为"洗珠井"。到了明朝初年，一家孔姓人来此卜居，发展成族，村落名叫沥洋孔。孔氏家族为了保护这口洗珠古井，将井身修筑加固为外方内圆形式。井口直径1.5米，水深5米。修建后，井边栽上一棵香枫，迄今将有500年，仍然虬枝浓荫，掩映着洗珠古井。洗珠井所蓄的是茶山地下山泉活水，水质极佳。井水清澈见底，干旱不干，暴雨不浊，酷暑饮之冰凉，寒冬透出暖气。村人酿酒，必取此井水。据说窖藏十年，酒质不变。孔氏家谱还记载着清乾隆十四年（1749）邑诗人杨逢春咏《洗珠古井》

一诗，诗云：

> 古井由来号洗珠，于今路畔得称奇。
> 若非昔日龙飞过，安得人间留此辉。

此诗为茶山龙洗珠传说佐证。

长工阿龙

老渔民和凤姑平安回到家里，顿时"獬豸避龙"的奇闻传遍了村里各个角落。凤姑妈还把獬豸肉分送给乡亲们品尝，人们惊叹不已。

过了年，老渔民因受了风寒，一病不起。弥留之际，他把老伴和凤姑叫到跟前，嘱咐道："我本想等春暖花开、鱼汛一到，再和凤姑出海到沥洋去，访访龙踪，现在不行了。我死后，你们孤女寡妇日子艰难，但愿龙圣有灵，帮你们风调雨顺，也可苦度光阴……"话未完，便溘然长逝了。

母女俩痛哭了一场，安葬了老渔民。转眼又是清明时节，布谷鸟叫了。乡亲们起早摸黑忙春耕，凤姑家里无男丁，干着急。虽说乡亲们都愿意帮忙，但人家都在大忙头上，又怎好拖累人家呢？母女俩想到苦处时，只有流泪。

忽一日，村头来了一个年轻壮汉，二十几岁，自言名叫阿龙，茶山人氏，自幼父母双亡，到处为家，专替缺少劳力人家打长工，只消吃口饭，工钱不计较。凤姑的邻居阿牛把他领来凤姑家，劝凤姑妈留下他干活。凤姑妈正求之不得，又见阿龙身强力壮、长相敦厚，便一百个愿意留下了阿龙。

阿龙沉默寡言、干活勤快，凤姑妈很满意。

春耕，人们没见阿龙扶过犁，秧比别人插得早；夏灌，人们没见阿龙戽过水，田水比别人灌得满；秋收，人们没见阿龙开过镰，稻谷比别人收得快。人们无不惊奇，问他，他总是笑笑："我是笨鸟先飞。"

凤姑家的谷仓从来没有这样实，米缸从来没有这样满。凤姑妈笑得合不拢嘴，声声把阿龙夸。凤姑当然更高兴，她喜不外露，感激给她家带来欢乐的阿龙，从心底里爱上了这个健壮憨厚的年轻人。

除夕那天，阿龙劈好了柴，挑满了水。他回到房里想换套衣服，打开包裹，只见上面放着一件崭新的肚兜。阿龙知道这是凤姑悄悄地塞在这里的，他拿过来一看，兜子上一条金色的矫健游龙昂首向天、腾空起舞，一只光彩照人的彩凤紧偎龙身、低回婉转，一对龙凤在万里长空中比翼双飞。飞针走线，针针线线寄寓着无限柔情，针黹是那么精致，色彩是那么和谐。阿龙、凤姑，龙凤良缘寓意于图、寓情于绣，姑娘可算用心良苦了。落花有意，流水岂得无情？阿龙捧着肚兜，深深地坠入思索之中……

"龙哥，吃年夜饭了。"凤姑那娇滴滴的声音宛如莺传幽谷，把阿龙从遐思中惊回。凤姑笑吟吟地站在门口，亭亭玉立，满面春风，含情脉脉地瞧着阿龙。

阿龙抬眼一看，正好四目相对。凤姑那稚嫩的脸庞上陡地飞起两朵红云，犹如出水芙蕖，更显得千娇百媚。凤姑瞟了阿龙一眼，羞答答地垂下了头，仍偷偷地瞧着阿龙手里抚弄的东西。阿龙忙把目光收回，一看自己手里还拿着那龙凤肚兜子，不觉脸一红，搭讪着说："是你送我的吗？"

"嗯！"凤姑点点头，嫣然一笑。

"谢谢你，你待我太好了，叫我什么时候报完你的恩德！"阿龙感慨万端。

"你怎么好这样说呢？是你待我们好！妈说全靠你，我们才过上快活年；妈又说不知道怎样报答你才好！"说到这里，凤姑抿住嘴唇，脸蛋儿更红了，红得像熟透了的苹果，娇艳欲滴。

阿龙觉得有一股热流自丹田升起，情不自禁地拉着凤姑的手，让她坐在床沿上。凤姑就势一倒，偎依在阿龙壮实的怀里。两颗心连在一起，怦怦地跳动着。凤姑仰着脸，惺忪地望着阿龙，眼眶里饱含幸福的泪水，汩汩地流向双颊，犹如一枝带雨梨花。

从此，阿龙出工，凤姑伴着他；阿龙收工，凤姑伺候着他。他们相亲相爱，形影不离。凤姑妈看在眼里，乐在心里，盘算着，该给他俩拣个喜日子了。

麻糍缺一角

一晃三年，家业越来越兴旺，日子越过越热乎，凤姑妈的身体却越来越差，跟阿龙说的次数也越来越多了。阿龙还是那句话，待家业再兴旺些。

凤姑妈发急了，她暗暗打定主意：过了年，不管你阿龙好说歹说，准要办喜事。可是还不到过年，凤姑妈就病倒了。这位含辛茹苦一生、赶上晚年才享几天福的善良母亲留下了未遂的心愿，抛下了心爱的女儿和未来女婿，撒手西归，与世长辞了。

这年夏天，遇上了百年罕见的大旱。每天，赤日炎炎，寸云不起。大田开裂了，禾苗枯萎了，人们日夜戽水。可水源不足，杯水车薪，无济于事，到处可听到叹息声,农夫们的心真如汤煮啊!稀奇的是,阿龙家的田水老是满墩墩,禾苗老是绿油油。

阿牛悄悄地央求阿龙:"阿龙弟,你真行,帮个大忙吧,戽满田水请你喝老酒。"

阿龙开玩笑说:"老酒我不爱,我爱吃麻糍。"

阿牛一拍胸脯:"闲话一句。我就捣一臼糯米麻糍请你客,一角也不少。"

阿牛跟妻子一商量,连夜捣了一臼糯米麻糍,切成方块,准备一早送给阿龙去。一数,少了个麻糍角,是被五岁的儿子偷吃了。阿牛打了孩子一巴掌,拿着麻糍走了。

麻糍送到凤姑家,凤姑不知底里,不肯受,阿牛干发急。恰巧,阿龙从田间回来了,阿牛忙赔笑说:"千里送鹅毛,礼轻情意重。凤姑不肯受,你总要赏赏脸。"

阿龙扑哧笑出声来,说:"阿牛哥,我是开玩笑的,你怎么当起真来。"

阿牛急了,连说:"别开玩笑,别开玩笑!这是救命水啊!"

凤姑被弄得丈二和尚摸不着头脑,阿龙告诉了她。凤姑说:"龙哥,那你帮帮阿牛哥吧。"

阿龙说:"我是说吃麻糍开玩笑,阿牛哥当了真。田水早就戽好了,这不是才回来吗?"

阿牛一听,高兴得一蹦三丈高,一拳捶在阿龙肩上:"好阿龙弟,你救了我们全家了!"说着三脚两跳奔到田间去了。

阿牛跑到田头,果然田水齐岸、禾苗泛青。他沿着田岸转,越看越心欢。突然,发现一个田角滴水无存,他连忙蹚下田,用力戽水。不知怎的,任他用尽吃奶力气,仍然滴水不进。阿牛奇怪极了,忙跑回去问阿龙。阿龙笑着说:"麻糍不是少了一个角吗?"

阿牛猛地想起孩子偷吃了一块麻糍角,自己还打了孩子一个巴掌的事。阿龙怎么会知道呢?这又奇了!阿牛把阿龙从头到脚打量了个遍,瞠目结舌,半响说不出话来。

奇事传开了,乡亲们都来求阿龙,阿龙满口应承。第一天,田里不见水,乡亲们又来求,阿龙又满口应承。第二天,田里仍不见水,乡亲们求得更急,阿龙还是满口应承。

第三天早晨,村后山头上突然升起一团乌云,顷刻之间布满整个村庄上空,接着,狂风大作,天气变得十分阴凉。倏地,一道金色的电光闪得全村晃动,一声闷雷震得人们几乎失去听觉,紧接着哗啦啦的大雨倾盆而下。大雨足足下了一天一夜,田水满了,旱情解除了,禾苗得救了,地下水涨了,溪水哗哗地流了。雨过天晴,山川如洗,整个村庄沉浸在一片欢乐声中。

一场喜雨后,人们从狂欢中清醒过来的时候,又觉得这场雨来得奇怪。他们把阿龙三年来的许多奇事一桩桩、一件件,连缀起来:为啥阿龙种田不愁水?为啥阿龙不费力气会丰收?为啥阿龙知道麻糍缺一角?为啥阿龙答应庙水会下雨?结论是:阿龙不是凡人是神仙,要么是妖精——一个扶危济困的好妖精。

凤姑也在思索:为啥阿龙身上有异香?为啥阿龙来此三年不洗澡?为啥阿龙爱我不娶我?凤姑打算试探一下。

比翼茶山

凤姑试探阿龙,问他来此三年为啥不洗澡,阿龙说,他天天在大溪里洗。凤姑勿相信,要他在家里洗。阿龙说,他要用九口七石缸挑满水洗才过瘾,并要求在他洗澡时不能看。

第二天,阿龙默默地搬开床铺,背来九口七石缸放在房子里,摆成一字长蛇阵,把门窗的缝隙糊得严严实实。凤姑观察着阿龙的一举一动,心中觉得又好奇又可笑。

傍晚,阿龙要洗澡了,再三叮嘱凤姑别偷着瞧,一瞧他就会洗得不痛快。

"龙哥,你也婆婆妈妈起来了。"凤姑忍不住笑了,"我又不是三岁小孩子。况且,你又是个男人……"凤姑的面靥上,又泛起了红云。

阿龙听了一笑,这才放心地走进房去,把门窗关紧。

房里传出了泼水声,声音从小到大,从大到猛烈。凤姑惊奇不已。突然,声如怒涛翻滚,并夹带有隐隐雷鸣,使凤姑想起了当年蜡蛎洞口所遇的一幕。难道就是它——小蛇,茶山之龙!

凤姑顾不得诺言,顾不得自己是个姑娘了,她要瞧一瞧阿龙的真相。她悄悄地把身子贴近房门,用指头戳破缝隙,一瞧,不得了,哪里是阿龙,竟是一条金色的龙,在九口缸里上下翻腾,轻烟似的彩云笼着它的身子,异香扑鼻。

"啊!"凤姑喊出声来。

这一声喊不打紧，惊动了房中金龙，只见它"嚯"地昂起头，挺直前身，"呼"的一声，冲破窗门，腾空而去，隐没在云端之中。

凤姑心中一急，"哇"的一声哭倒在地。

金龙在云端里徐徐下降，在院子上空逡巡盘旋，意似不忍离去。

凤姑收泪一跃而起，大呼："龙哥等我！龙哥等我！"

金龙吐出一颗拳头大的珠子，霎时金光四射，凤姑被笼罩在金光之中。

凤姑只觉得身轻似燕，拔地而起，一下飞到金龙身边，像月夜谈心时那样紧偎在金龙身旁。

村里人被惊动了，都出来仰望。但见空中一龙一凤比翼双飞，祥云缭绕，瑞霭千条，氤氲香气，弥漫村庄。男女老少连忙拈烛焚香，顶礼膜拜。金龙、彩凤绕村一周，频频颔首，然后直冲银汉，向茶山方向冉冉飞去。

（摘录自《茶山传说》，作者叶柱，有删改）

老本的传说

如海削发为僧

清朝乾隆年间，茶山来了一位叫如海的外地人，是个四十上下岁数的壮汉，神情落寞。他边观山景边点头，不时露出一丝苦笑。夜晚，他投宿宝岩寺。第二天，他就拜宝岩寺老和尚为师，削发为僧。老和尚派他去分管茶山庵，他欣然受命，当了茶山庵住持。

如海是何方人氏？年轻时干过啥？问如海，他只是笑笑。因此，人们不知道他的来历，反正已经出了家，忘了过去，也无可非议。只是，如海好像有本事（武术），随着住的日子一长，就慢慢显露出来了。

事实上，如海这次来到宁海，上茶山，拜宝岩寺老和尚为师时，已向老和尚交代过自己的来历。他确是一位江湖豪侠，扶危济困，仗义助人，在江湖的打斗中很少受挫，只在此番来宝岩寺出家前，经历了一场惊心动魄而又使他心灰意冷的事。事情是这样的：

如海一向在中原活动，有一次替一位北地巨商保镖来江南。他早就听说江南的太湖强盗本领高强，涉水如履平地，故此番来江南要百倍小心，同时也想见识一下太湖强盗的武功。

镖银平安到了江南,眼前就只太湖这道关口了。如海安顿好镖银,亲自守卫。到了半夜光景,四下寂静,如海有点困倦,忽觉身边一阵凉风过去。如海定睛一看,只见一个黑影背着重物从他身边掠过去。如海大喝一声:"强盗,往哪里去?"立即紧追不放。强盗似乎是在跟如海开玩笑。如海追得快,他就跑得快;如海追得慢,他就跑得慢。双方距离总在百步之间。到了太湖边,强盗一纵身跳进太湖,脚底踏水,像走平地一样。如海也一纵身跳进太湖,脚板立即浸入水中。如海提起气,一步一换,像走泥泞道路一样。追到湖中央,如海再也提不上气来,身子慢慢往下沉。强盗回头一看,掉转身,几个水上飞步,来到如海身边,用一只手夹住镖银袋子,一只手揪住如海头发,踏水而行,把如海送回湖岸,说:"饶你一命,去吧!"

如海心里想:自己轻功在中原首屈一指,到了这里,不及强盗半分,日后还有何面目在江湖上闯荡?于是,便跟强盗说:"好汉,你杀了我吧!"强盗说:"我念你有一身武功,得来不容易,不要再啰唆了,去吧!"如海寻思,丢了镖银,无法赔偿,回去也见不了人,还不如跟去做强盗,再学点本事。想到这里,便扑通跪倒,说:"好汉,你不杀我,丢了镖银,回去我也是死路一条。求你收我做个徒弟,有什么吩咐,赴汤蹈火,万死不辞!"说毕,恭恭敬敬地磕了三个响头。太湖强盗见如海诚心实意,便答应收他在身边为徒。从此,如海便留在江南,跟着太湖强盗,一边学武艺,一边劫富济贫,专门同官府作对。这时候,如海才知道,这位太湖强盗是个独行侠。

如海在独行侠那里学到了不少功夫,尤其是水上功夫。独行侠见如海心地好、进步快,也尽心传授,如海的武术渐渐地可以与独行侠并驾齐驱。但如海仍然像拜师时一样尊敬独行侠,独行侠心中很是欢喜。

有一天,如海跟着独行侠南下,来到福建地面,打听到有一船官银停在海边,准备运送进京。这是民脂民膏,两人一商量,决定劫取。这天夜里,正是月黑风高,两人一前一后,用起轻功,趁黑摸到船边。独行侠叫如海守在岸上接应,自己一人悄无声息地进入官船。不到一袋烟工夫,只听得船里"啪"的一声响,接着从船舱里飞出一团黑色东西,向如海扑来。如海开始以为是得手的官银,连忙接住,却只觉得手中黏糊糊的,吃了一惊,凭着练就的夜眼仔细一看,竟是自己师父独行侠的人头!如海知道遇上了高人,吓得抱着人头转身就逃。一阵急骤的草上飞轻功,也不知逃出多少路程。奔了一程,凭直觉证实后面无人追来,这才避入路边树林中歇息下来。

在林中，如海心里想：原先自认为本领高强，谁知遇上太湖侠盗，是那么不堪一击，未交手便几乎溺死在太湖里，不是太湖侠盗放自己一马，早就不在人世；太湖侠盗本领如此高强，竟然被船中高手一击就毙，真是强中自有强中手，能人背后有能人！自己这点本领，哪还能在江湖上闯荡？想到这里，如海万念俱灰，叹了口气，在树林深处找了个隐蔽地方，埋葬了师父独行侠的头颅，跪下拜了三拜，站起来，觉得头脑一片茫然。

天刚蒙蒙亮，如海认准了方向，一直往北走。他没日没夜地走，逢山上山，遇水涉水，一直走到了茶山。

茶山山高林茂，景色清幽。如海见了，不舍得离开。于是，他就决定在茶山的寺院里住下来，了结过去，剃度为僧。

如海师驱纸虎

如海来到了茶山，在宝岩寺拜师剃度出家，做了和尚。老和尚年纪大了，见如海年富力强，又有一身本领，十分看重他，让他当了住持，分管茶山庵。

茶山庵建在磨注峰脚下，离宝岩寺十多里，要翻好几个山头，一直以来是宝岩寺的附属庵，因为无人管理，已经破旧不堪。这里是山顶盆地，水源旺盛，草木茂盛，野茶野果遍地皆是，加上四下无人居住，十分清静。如海师见了很是喜欢，自己半生闯荡江湖，此时已是万念俱灰，有此清静地隐居，正合心意。从此他破衲草鞋，自己种地，自食其力，在茶山庵潜心修行，无挂无念。

山上有多种野兽，野猪特别多。你种下的作物，还不等到收获，野猪就来掘个遍、吃个光。你白白辛苦不用说，没了吃的东西又怎能活？山上人最痛恨的也是野猪。

如海师地里的东西遭受到野猪的一次洗劫后，他想了个办法。他会剪纸成虎。每天黄昏，他把纸虎藏在袖子里，到山间地里去巡视，遇上有响动，就把袖中纸虎放出来，纸虎在前，自己跟在后。山里的野兽包括野猪，一见老虎来了，便纷纷逃走了。如此进行了多次，野猪再也不敢到地里掘东西了，不仅如海师自己种的，连山上人们种的都得到了保护。

山里人很奇怪，怎么这新来的和尚一住进茶山庵，野猪就不来掘地里的东西了？有一天，一个牧童放牛放迟了，天色已晚，正在赶牛回家时，只见茶山庵的和尚出来了，大袖一展，跳出来一只老虎，牧童吓得大叫起来。如海见了连忙收起纸虎，来到牧童面前，让他看纸虎，解释说为的是吓野兽，叫他别怕。

牧童回去一说，山里人一传十，十传百，都说茶山庵来了个活仙人，能把纸虎变真虎，不是仙人也是个奇人。人们感谢如海师纸虎驱兽，保护庄稼。如海师与人们也日益亲近，和睦相处。

如海师警诫海盗

如海师得到山上、山下人的资助，把破旧的茶山庵修成石板盖顶的石板庵。

茶山庵改修为石板庵，很有特色。宝岩寺的老方丈听到了很高兴，便拄着锡杖亲自来看看，看了以后，赞不绝口地回去了。有了如海这样能干的徒弟，老和尚放心了。过了不久，老和尚去世，如海师承担了主持寺与庵两处寺院的重托。

如海师驱虎修庵的事一传开，宝岩寺和茶山庵的名气也大起来，前来挂单的和尚、投师学艺的俗家子弟纷纷上茶山来。如海师收徒十分严格，凡被看中的就收下，不合的任你怎么恳求都一一谢绝。因此，他收的徒弟都有几下真功夫。成名的有：沥洋能以手击碎青石磨盘的叶相彩，山后被誉为"山后文成，六县闻名"的张文成。

上茶山来的人一多，吃住的人也多了。如海师心想给寺院置点产业，眼前可以不愁吃，将来继承人也好安心修行。这样一打算，如海师就久静思动起来。他交代好徒众管理寺院，勤修练武，不可荒了功夫，自己重出江湖，去替商家护几趟镖，挣些钱来给寺院。

商家听说如海师肯护镖，不少人来礼聘他。开始几趟走的是陆上镖，都平安无事。如海师看看所得报酬，给寺院置点薄产也差不多了，自己既已出家，在江湖上也不宜多混，这种刀头舔血的生意多做总不好，准备再次洗手回山了。就在此时，一户大商家愿出重金，要求如海师替他保海上镖，并且一再托人相求。如海师推辞不了，只好接下了这趟海上护航的"商船保镖"。

商船出海，满载货物，老大伙计、商家管事各司其职。如海师袈裟锡杖、盂钵念珠一身佛门装束，盘膝趺坐船中，默默诵经。如此航行了几日，一路顺风。一天，商船驶入大洋，风浪增大。突然，不远处有一快船迎面驶来，船里人惊呼："海盗来了！"不一时，来船已靠近商船，一根铁钩伸过来钩住商船，两船立即并拢，来者正是海盗。"不准动！"一身武林短打装束的海盗，一个个边喊边跳过商船来。商船内的人都已吓得呆呆站着，不敢动弹，只有如海师仍然趺坐诵经，仿佛没看见眼前发生的一切。海盗头领瞥了他一眼，以为是个搭船的游方和尚，也就不去理睬他。

　　船舱里的货物被海盗搬了个精光。船里的人都面面相觑，觉得东家雇了这个如海和尚来护镖，一点也没派用场，心中都有点愤愤。这边盗船已收起了铁钩，准备开船了。说时迟，那时快，只见如海师倏地站了起来，提起锡杖，一个箭步跨到船边，将锡杖在盗船上一顿，盗船被重重地震荡了一下。盗首被如海这突然一击，先是一惊，接着是怒。他狠狠瞪了如海师一眼，口中骂了声"秃驴"，一腿飞向锡杖而来。这时，两船的人静得鸦雀无声，只听得"咯"的一声清脆的声音，接着是"扑"的一声，盗首的腿骨折断了，一跤跌倒在船舷边，不住地喊疼，而那根锡杖仍牢牢地拄在那里。群盗慌了，他们扶起盗首，用撑竿撑，用橹摇，船却被那根锡杖拄着，像生了根，纹丝不动。这下，海盗们都明白了，今天遇上了武林高手，是他们忘了武林禁忌——一难打和尚，二难打黄胖。在武林中，凡是独行的和尚，还有因练深功而脸色泛黄的江湖独行客，都很可能是真人不露相的高手，切不可等闲视之。

　　商船里发出一阵欢呼，盗船里一阵"扑通"声，群盗搀着盗首一齐跪下，齐声哀求："大师傅，饶命！"盗首更是叩首如捣蒜，说："小人有眼不识泰山，大师父高抬贵手！"如海师叫他们把货物一一搬回商船，不许少了一件。群盗连声说是，立即行动，把抢去的货物全部搬回商船。如海师叫商船里的伙计查点无误后，才对群盗说："看在你们劫货不犯人，还有点人性的分上，今天就放你们一马。做强盗是不得善终的，回去要改邪归正，下次如再被我碰上，决不轻饶。我出家人除恶就是行善。"群盗连连称是。只见如海师把锡杖提起，在盗船的舷旁一点，说声："去吧！"盗船就像离弦的箭一般飞驶去了。

　　这一趟海上护镖丝毫无损。如海师警诫海盗的故事不胫而走，迅速传遍了江湖。

如海助拳天妃宫

　　如海师有个朋友叫王念伯，是宁波府人，少年时练功扭伤了一条腿，脚有点跛，人们叫他王跛脚。每年宁波天妃宫庙会，武术场面都是王跛脚独占。

这一年宁波来了"福建帮",强占了天妃宫,还说有本事的打进去,呒本事的爬进去。王跛脚同他们打斗了几场,场场打输,进不了天妃宫。

王跛脚憋着一肚子气,带着一身伤,来到茶山庵请如海师去助拳。

如海师听了王跛脚的哭诉,也觉得咽勿落这口气,带了俗家徒弟张文成一道去天妃宫。

如海师一行三人施展夜行本领,一夜便到宁波,打倒守门人,闯进天妃宫。

开头,双方约好一对一打斗,福建帮不是如海师三人的对手,一个个败下阵来。打到后来,福建帮眼看自己要输,便不管江湖规矩,一拥而上。如海师一手用棍,一手用铁烟筒,这边来用棍扫,那边来用烟筒钩,碰着棍的倒下,撞着烟筒的钩住。文成老本一条棍,上三路、中三路、下三路,只听得呼呼声,不见人在哪一方。王跛脚有了两人的助拳,也威风起来,用棍打,用铁脚扫,使出看家本领。

三人越打越勇,福建帮个个被打得仰面朝天,只好认输,立下字据,永不来宁波。

大闹天妃宫,赶走福建帮,王跛脚重占地盘,全靠如海师助拳之力。

如海师传艺试门徒

如海师从扬州决斗回庵,知道自己所中点子已在隐隐发作,活不过三个月了。他细数俗家门徒,要算山后张文成学得最好,早已得了他的真传,见过世面,已经是台州六县闻名的武林人物了,心中常以此为慰。近几年,他无论在江湖搏斗,还是在庵授徒,悟出了一些武术要诀,心想在自己辞世之前,传给一两个忠实可靠的俗家子弟。身边尚在学艺的俗家子弟究竟谁的心地好,还得试一试。

一天,如海师召集在学徒弟们,说:"我在扬州中了点子回来,不出三个月就要发作,点子是各门特技,被中者无药可治,我也不想求治。我还有一手杀斤锤(指绝艺)未得传人,心有遗憾,想传给你们当中本事最好的人。"

徒弟们听了,都哭了起来。如海师笑着说:"别哭,别哭,男儿有泪不轻弹!我已活了介大岁数,满足了。只要你们学了本事,能够心存善念,与人为善,不仗本事欺人,让人们说一句'如海的徒弟是好人',我死后眼睛就会闭了。"徒弟们越发哭得厉害,在如海一再告诫下总算止哭,个个肃立静听师训。

如海师吩咐:"现在,我困在板凳上,你们一个接一个轮着用棒打,哪个打中我，就传给他杀斤锤。你们一点都不要顾虑，这是在试你们的本事，要实实在在地打。"

经师父这一说，大家解除了顾虑。于是，如海师直挺挺地躺在长板凳上，闭着眼睛待打。

第一个徒弟上来，举起棒，向不是要害的大腿上一棒打下去，板凳被打掉了一角。如海师却不知什么时候已经避开，站在一旁微笑着。

第二个徒弟上来，先虚晃了一棒，如海师闭着眼睛，躺在凳上一动也不动；第二记用尽气力打下去，凳子被打成两截，如海师又不知在什么时候起来了，笑呵呵地站在一旁。

这一来，大家打得兴起了。第三个，第四个，第五个……可总是打不着师父，苦了几条板凳。最后剩下两个徒弟，是沥洋本地人，一个叫叶相彩，一个叫叶成早。人家在棒打师父显本事，他俩一直站在一旁饮泣，已经哭泣得像泪人一样，两眼红肿起来。

如海师问叶相彩、叶成早两个："为啥不上来打，不想学杀斤锤吗？"叶相彩回答："师父中了点子，危在旦夕。徒弟无能，无法救师父，已经够伤心、够自责了，怎么还要打师父求艺？"叶成早也这样说。

如海师瞧了他们俩一眼，默默无言。叶相彩、叶成早两人异口同声地说："师父！您传给我们的防身本领已经够一生受用。我宁可不要那杀斤锤，死也不愿打师父！"说毕，两人向师父扑通跪倒，泪如雨下。

如海师叫他们俩站起来，笑着说："既然你们两个不肯打，不想学，就算了，不勉强了。讲实在的，我也没有什么杀斤锤，说说而已。你们大家的本事都学得差不多了，只要大家能把为师传授的防身本领加以精进，就是杀斤锤。"

临终前，如海师把所学心得、诀窍都传给了叶相彩、叶成早二人，还把那根心爱的铁烟筒交给叶相彩，要他好好使用、保藏。

文成精湛的棒技

张文成，茶山脚下山后人，如海师嫡传杰出的俗家弟子。他在茶山庵如海师处学艺，尽得如海师棒技真传。学成回家，他仍不断钻研求精，在自家堂屋里设练场。有一次，他点燃一束香，遍插在中堂两边大柱上，自身居中，手中棒向左右两边扫了一圈，所燃的香头统统熄灭，一支支的香仍插在原位，纹丝不动。武林人说这是一种运气功于棒头上的绝技,非有高超的棒法和炉火纯青的气功,不可能到此境界。

山后张氏祖上一直尚武,一手南拳和齐眉棍代代相传,每年都要在元宵节狮狂会上表演一番,颇负盛名。自从张文成投师如海学得棒技以后,"山后棒"更上一层,名气大扬。如今得知张文成在家练功,颇有进境,族人中会棒技的都想试一试文成的能耐,便挑了十多个年轻力壮的棒技手来到文成家,要求众棒共斗文成一人,文成笑着答应了他们。

文成在道地中央站定,十多人团团围住。一声大喝,众棒齐举,向着中央的文成猛击而来。好文成,气定神闲,把手中棒对准众人执棒的手,轻轻地横扫一圈,只听得众人"喔唷唷"一声,之后,接着是"哗啦啦"一阵众棒坠地声,十多人的棒技手,手中无棒,揉搓着自己的拇指,惊奇地望着文成。原来是文成用迅雷不及掩耳的快速棒技,不等来人棒下,用棒先发制人,在周扫一遍中向他们每个人的捏棒大拇指各轻轻一点,被点者只觉得拇指一阵酸痛,本能地松了手,在喊疼中一齐掉落了棒来。这还是文成对付自己人用的轻微棒法,不让对方受伤致残,只让松手落棒的打法。

这一来,人人都心服口服张文成的精湛棒技,都说:"名师出高徒,果然不假。"

文成石浦服镇标

石浦是象山县著名渔港,也是海防重镇。在清朝,这里驻有镇标,镇标就是省总兵所辖之兵。

那是一个初夏的一天,山后张文成因事到石浦去。石浦有一名镇标,他有一身武功,好勇善斗,久闻张文成之名,很想交手一下,听说文成已来到石浦,便通过熟人介绍与文成会面。两人会面时,镇标提出要与文成比试武功。文成为人谦逊,说自己所学只是雕虫小技,不足为武,不敢也不想与镇标比武。但镇标执意要比试,文成无法推辞,只得答应了他。

镇标见文成同意,十分高兴,立即穿上重铠甲,手持巨棍,准备决斗。文成呢,穿的仍是来石浦的单衫,要了一根小棒,应对镇标。两者比较,镇标是气焰嚣张,势在必胜;文成是淡然应付,被迫周旋。

角斗开始,镇标挺棍直攻,一棍紧似一棍;文成以小棒相格,且格且退。镇标以为文成胆怯,攻得更加厉害。文成还是退,退到了尽头,文成认输,提出休战。

镇标不同意，说文成没把本领使出来，必须打个明白，决个胜负。于是又继续角斗，镇标仍是猛攻猛打，文成照样边格边退，一再提出休战。这样连续三次。镇标不耐烦地说："难道你的武功技艺只是这样的吗？那是徒有虚名！"

文成性和善，有素养，与镇标角斗一味退让，虽知其狂妄，仍不愿与人争高低，而镇标竟然会说出这样伤人的狂言，心中也未免生气了。文成不再退让了，在与镇标过了几招以后，运气于小棒，小棒随即坚硬如铁，不逊于对方巨棍，又聚焦于棒端，蓄力其间。当镇标高举巨棍准备狠狠击打时，其执棒之手也裸露出来了。文成视准空隙，小棒直指其捏棒拇指，小棒端对着拇指一点，点个正着，只听得訇然一声，巨棍落地。镇标揉搓着拇指，满面通红，结结巴巴惭愧地说："我不是你的对手！"

文成说一声："承让了！"便转身离开，到码头乘石浦航船回山后来了。

文成石浦服镇标的消息传开了。人们都说这镇标太不自知了，文成老本做得对，理该教训他一顿，让他服一服。

文成老本与扬州十八都保长囡

"山后文成，六县闻名。"

山后村张文成是如海师嫡传的俗家弟子。他闯荡江湖，遇过不少高手，靠功夫过硬，才没跌跤。扬州庙会的会武，是他一生当中最惊险的一次会武，全靠碰巧遇上十八都保长囡，才脱险回来。

十八都保长囡穿一双铁鞋，能飞檐走壁，专门打抱不平，来无影，去无踪。

在扬州庙会上，以前被文成打败的对手请了几十名强手来，要与文成较量。文成自忖，一对一打，凭自己功夫不会吃亏。哪晓得对方是想在这次庙会上将文成置于死地。会武一开始，对方几十人就全部出动，把文成围在中央。文成一看这阵势，就知道今日是要拼命了。好在文成艺高胆大，一条棍棒像猛虎下山，舞得滴水不漏。对方虽然人多势众，还是近他身不得。文成知道这样苦战下去，迟早会使自己力气用尽，便看准对方武功较差的人，突然进攻，用"老树盘根"变招的下三路横扫过去，对手立即被摆倒好几个。对方知道文成想打开缺口，马上调进强手堵住，文成又被推到了中央。

隐身在屋栋梁上的十八都保长囡观战多时，知道扬州帮仗着人多，想把文成的力气消耗光，再打败文成。文成的确本领高强，棍棒没露出一点漏洞。她知道一个成名的武林高手是不愿一个不相识的人去助拳的,所以她仍然伏在梁上不动。

圈子越围越紧,文成虽然越战越勇,看上去却有点沉不住气,急躁起来。急躁发怒,是武家大忌。十八都保长囡就喊:"文成老本,棍棒虽好,可惜缺个'顶'。"

"顶"指的是棍法中的"梅花结顶"。这一招专门用来对付上三路,在群棍齐下时,用棍子一旋,把对方所有棍棒拨开,自己从空隙中一跃而出。

这一喊提醒了文成,他把全身力量运在棍上,只一旋,对方就有一批棍棒脱手;再一旋,又一批棍棒脱手,一路"梅花结顶",把对方手中的棍棒全部扫光,扬州帮一哄而散。

文成也不追赶,对着屋栋喊:"哪路英雄救我文成,请下来一见。"只听得"嗤"的一声笑,跳下来的竟是一位妙龄女子。

从此,文成和十八都保长囡结成了武林好友。

文成战胜扬州帮的消息传到台州府,人人相告,家喻户晓。台州人认为这是武林的光荣,也是台州人的光荣。"山后文成,六县闻名。"

沥洋岭头文成打猢狲

一次,十八都保长囡到文成那里做客去。文成送她到沥洋岭,岭顶路廊里坐着一个讨饭人,肩上蹲着一只猢狲。讨饭人见他们走上岭来,便自言自语:"山后文成,六县闻名,抵不过我一只猢狲。"

文成听了,心中有气,问他为什么背后讲人。讨饭人说:"我这只猢狲,斗遍天下好汉,听说山后文成老本有名,打算送上门去见识见识。"

文成说自己就是,要他把猢狲放过来见识见识。讨饭人笑了起来,要同他先立个章程:如果打不过猢狲,就向猢狲叩三个头;如果文成打死猢狲或者猢狲咬死文成,都算白死。叫十八都保长囡在旁边做证人。

文成冷笑一声:"打死猢狲,你得代猢狲向我磕三个头,滚出宁海地界。"

讨饭人一边点头答应,一边将猢狲放过去。猢狲一纵一人高,扑向文成。文成不慌不忙,抡起短棒,迎头就是一棒,猢狲很狡猾,早已一纵回去。文成打了空记,一个踉跄,差点扑倒。讨饭人哈哈大笑。

文成试了这一棒,知道这只猢狲厉害,便沉住气,想法子对付它。猢狲也懂得对手厉害，左腾右挪，乘虚出击，眼睛盯住文成棒头。

双方斗了好一阵，文成的臂被猢狲抓破了皮，衣服、裤子上撕开了洞。

十八都保长囡在一旁看得清楚，文成用的是真力，猢狲靠的是腾挪。文成棒落，猢狲退去；文成棒起，猢狲进来。这样打下去，文成虽然伤不了，但打不死一只猢狲，一世英名也扫了地。她故意叹息说："文成老本棒法好是好，可惜还缺半记。"

文成立刻明白过来，虚晃一棒，猢狲退去，棒头举起，猢狲扑来，文成反手一挑，正挑在猢狲喉头上，猢狲喉破血流，死在地上。

讨饭人见猢狲被打死，呜呜呜哭了，还说十八都保长囡不公正。后来看看诬赖不成，只好磕了三个响头，抱起死猢狲逃了。

文成智退润州两少侠

文成大半生闯荡江湖，凭着一身过硬本领，博得"山后文成，六县闻名"盛名，到了晚年，金盆洗手，退出江湖，在山后老家耕种为乐。自此，这位名满江湖的武林高手销声匿迹，安度晚年。

然而，树欲静而风不止。当年扬州帮耍无赖、不按江湖规矩聚众围攻文成遭到惨败以后，消息传开，文成名声大振。润州（今镇江）与扬州仅一江之隔，得到消息快，都赞扬文成，说他宽容大量，不斩尽杀绝，放扬州帮一一逃生，润州人们把它当故事一样流传。事隔多年，故事仍在流传，润州有两个后起的少侠，听了文成单战扬州帮的故事，既羡慕又不服气，认为这是道听途说，人云亦云。初生犊儿不怕虎，两少侠约定，到山后去找文成比试武功。

第二年春天，两少侠从润州专程来到宁海，问得路径后，出东门来到后山。两少侠前脚跨进文成家大门，文成正好从田间回来，他头戴竹笠，一身泥浆。两少侠以为他是文成家的长工，就问："喂，你是文成老本家里的长工吗？你家主人去哪啦？"文成见是两个年轻人，武士打扮，一口外地音，出言不逊，心中已了然。当问清楚他们是从润州远道而来带有挑衅式的访客时，文成觉得自己早已退出江湖，何必与小辈计较，但不拿出点颜色给他们看，他们估计是不会听从劝告回去的。于是，他便冒充长工，说是主人不在家，要比武，他不敢，主人曾教他练过一点功夫，要看可以，献献丑，试一下。

两少侠听说文成不在，很扫兴，听这长工说也练过一点功夫，颇感兴趣，一点也好,窥一斑可见全貌嘛,便叫长工把拿手的武技表演一番。

文成顿时想起当年跟如海师在沥洋上大份叶姓大宅表演飞檐走壁一事,不妨故伎重演,让这两个小子开开眼界。主意打定,他便脱下竹笠,站到道地中央,意守丹田,气运全身,轻轻一跃,登上堂屋下檐,左手在檐上一搭,拿了七张瓦片,又一跃,登上堂屋上檐,右手在檐上一搭,同样拿了七张瓦片,然后轻飘飘地从上檐飞下道地,两手捏着十四张瓦片,站在原来的位置上,向两少侠点头笑了笑。倏地,文成以轻功直飞堂屋上檐,两少侠只觉眼前人影一晃,文成已在上檐放回瓦片,又一晃,人已到了下檐放回瓦片,正待仔细瞧,文成不知在什么时候站在他们面前微笑着。这取瓦、放瓦两番来回的飞檐轻功,不到三分之一支香的时间,是绝顶的轻功啊!

两少侠看得呆了,他们从没见过这样高超的轻功,真的是身轻如燕啊!两人想,一个长工都有这般本领,主人就不用说了,自己不知天高地厚,竟想来比武,真是不自量力了!于是,两少侠恭恭敬敬地向长工作了个长揖,说:"长工老伯伯,您的飞檐走壁功夫,我们领教了,佩服之至!我们是有眼不识泰山,请老伯伯宽恕!您都有这样本领,主人伯伯就更不用说了,您主人确实名不虚传。我们此番冒昧前来,请代我们向主人请个罪,后会有期。"说毕,两人又是深深一揖,然后回转身,走了。

这是文成老本退隐江湖后的一件逸事——智退润州两少侠。

文成手指当犁鞘

文成晚年退出江湖,隐居在家。

一天,有一个和尚寻上门来,要同文成会武。和尚只闻文成名,没见过文成面,就向一个正在村口耕田的人讨讯。耕田人正是文成。他听和尚讨讯口气,知道是来会武的,想自己已退出江湖,不愿多事,便说自己是文成的作头,主人出门不在家。

和尚听说文成不在家,一时不知怎么好,待在那里。文成也不管他,扶起犁来耕,一看犁鞘柴落了,灵机一动,就用手指头当犁鞘,吆喝着水牛耕起田来。

和尚见文成家的作头能用手指当犁鞘耕田,心忖文成的本事一定不得了,自己怎会是其对手?便说:"请你向主人讲一声,说我和尚来访过,服你家主人了。"

叶相彩空手格农具

叶相彩,出生在山清水秀、被称为"茶山之麓,沥水之阳"的茶山脚下大村落沥洋。他是如海师的关门弟子,也是如海师伴随一生的那支铁烟筒的赠予人。

叶相彩,身材矮小,看上去与常人无异。尽管他身怀绝技,有一套拳勇本领,却低调得很,轻易不与人竞技。他学了拳术,读了经书,中过秀才,还是个监生身份。他学拳术,为的是强身;他读经书,为的是养性。

沥洋有一处海塘围堵起来的水稻田,叫百丈塘,叶相彩是塘主之一。每年夏令,村里都要维修一次海塘,防止做风水(台风)。有一年,招来数十名塘工维修加固塘岸(大堤),塘工个个身强力壮,还学过一点"三脚猫"功夫。他们早就听说过这位身材矮小的叶当家是如海师的得意门徒,可从来没听说他以武炫人,可谓真人不露相。这些塘工很有点技痒,想与他交交手,试试分量。事有凑巧,一天,轮到叶相彩家给塘工送接力(点心),叶相彩亲自跟家人把接力送到工地来,他平易近人,跟塘工们有说有笑。工头趁机提出,说他们很早就听说叶当家身怀绝技,很想见识见识。叶相彩一听笑了,知道塘工他们都有点"三脚猫"功夫,想显露几手。他也是一时有兴,便说:"好吧,你们几十个人一起来,就用干活的农具当棒棍,一齐向我打来,我空手抵挡,怎么样?"

塘工们听了,一齐叫起来:"好呀!"

话音刚落,数十名塘工团团围住他,举起农具,真的向叶相彩袭来。好个叶相彩,他不慌不忙,空手相格,横扫一圈,只听得"咯咯咯"的一串响声中夹杂着"噗噗噗"的一连串响声。原来,叶相彩运气于臂,臂硬如钢,对准农具,挥臂一扫,反震力极强。这"咯咯咯"就是塘工手中农具落地的声音,夹杂着"噗噗噗"就是塘工倒地的声音。塘工们四脚朝天地倒在泥塘里,却无一人受伤。

叶相彩"空手格农具"的故事传遍茶山脚下各村,成为人们茶余酒后的谈资。

叶相彩手劈大青石

一天,七十多岁的叶相彩去百丈塘巡视了田畈,回来路过百丈路廊时,路廊里人声嘈杂。他无意中站着往里看了看,里面有好些人在看老石匠打造石磨。老石匠与叶相彩是多年的朋友。老石匠佩服叶相彩的膂力,叶相彩赞赏老石匠的精工。这回，叶相彩往路廊里一望，老石匠眼尖，早在招呼了，叶相彩也应声踱了进去。

路廊里堆着一些磨盘大小的大青石和几副尚未完工的石磨，叶相彩很有兴趣地观赏着。老石匠笑着说："打石磨是我的老生活，一天不干就要手痒。你呢，一天不打拳，恐怕手要胀吧！"叶相彩也笑了笑，突然发现一块大青石丢在角落里，凹凸不平，比磨盘还大，看来是无用之物。老石匠指着这块大青石说："石头硬勿过大青石。这块丑八怪打成石磨要花好几倍工夫，不合算，打碎它，变成小碎块，倒还可派上用场。"老石匠看了看叶相彩，接着说："你的老生活头还灵吗？把它打打碎！"老石匠说的"老生活头"，指的是叶相彩以手劈石的本领。叶相彩端详了一下这块丑八怪大青石，说："把石头转过来侧着放，可以打碎。"

话刚说完，路廊里跳出四个壮年汉子，一人一角，抬起这块大青石侧放在路廊口山边的崖石上，路廊里的人都出来看击石成碎块的武技。

叶相彩和老石匠走在最后。

好一个叶相彩，廉颇不老。他在大青石边缓步走了一圈，运足了气，举起右手，往侧面猛劈下去。只听到"哗"的一声，大青石应手而碎，碎裂成一个个小方块青石板。

路廊里传出了一阵叫"好"声。

（摘录自《茶山传说》，作者叶柱，有删改）

头发兑针

俗话说：女生外向。说得好听就是：相夫之心强。

旧时，大户人家嫁囡，可以十里红妆；中等人家嫁囡，可以双橱双柜；小户人家嫁囡，学样学不起，脚筋撑个直，囡呢，还是不满意。

传说有个小户人家，只生了独个囡，爹娘爱如珍宝。囡长大了，要出嫁了，爹娘掏空肚兜袋来办嫁妆，囡眼里总嫌比上不足，比下也是人家强。

临出嫁的前几天，囡老是关起房门整东西。做爹娘的想看一看囡到底在干点啥，便从门缝中朝里望。好在老屋门缝大，望进去蛮清楚。只见囡这里翻翻，那里翻翻，翻个不停。翻到一块布头，便自对自说，这块布头好做肚兜，就折起来放进箱里去；翻到一些布头零碎，便自对自说，这些布头零碎好垫鞋底，就缚起来放进筐里去。什么都好派用场，什么她都要。

爹越看越生气，肚里骂了句"朝外货"！气得翘起了胡须，胡须从门缝中直戳了进去。囡刚转了个身子，见到门缝中黑压压一撮毛，便自对自说，这团头发带去好兑针。边说边伸手捏住"头发"，用力一拔，只听得门外"啊唷"一声，囡吃了一惊，手中已捏着一撮"头发"。等到她回过神来，拉开门，看到爹那远去的背影，门缝中还粘着几根黑毛——囡爹的胡须。

（摘录自《盖苍随笔》，作者叶柱，有删改）

凤冠霞帔坐花轿

传说康王骑泥马，渡过了台州椒江，总以为脱了大难，哪晓得另一支金兵又渡过江来，日夜兼程追赶康王。康王只顾往东逃，来到了宁海地界。

这日天气晴朗，康王逃得气喘吁吁，来到一处村庄口。村口有个晒场，场上摊着稻谷，一个十六七岁的小姑娘正在那里看谷、赶麻雀。康王跑进晒场，向小姑娘求救。小姑娘见来的是个陌生男子，吓了一跳，问他为什么这样。康王说："我是康王，金兵追我来了，要杀我，救救我吧！"小姑娘一时手足无措，不知怎么办才好。康王急了，见无处可躲藏，便把小姑娘身边的一只空箩翻过来，罩在自己身上，蹲下去。小姑娘灵机一动，忙解下系着的青布拦腰，盖住谷箩，按了按，一屁股坐到谷箩上去，拿出放在兜里的鞋底，一针一针地纳起来。箩底下蹲着的康王缩成一团，一动也不敢动。

金兵追过来了，看四周无屋舍，更无树木，空荡荡的只有一个晒谷场，一个小姑娘坐在谷箩上纳鞋底，别无他人。一个金兵走进晒场，对着小姑娘用刀一指，问："喂！小东西，有后生男子逃来过吗？"

小姑娘很害怕，但为救人，沉住气，壮起胆，摇摇头说："没见过！"

金兵正想吓唬她，村那边一阵犬吠，只听晒场外的金兵在喊："快，往那边追！"一时之间，金兵走了个干净。

金兵朝北边方向远去了。小姑娘藏起鞋，跳下谷箩、扳开，让康王钻出来。康王已经蹲得两腿麻木，好一会儿才站了起来，向小姑娘千恩万谢，说："你救了我一命，待我做了皇帝，一定派人接你去，做我的正宫娘娘。"康王看了看还盖在谷箩上的青布拦腰，说："就用这条青布拦腰为凭，接你的人一到，你就立即把这青布拦腰挂在门口好了。"说毕，他转过身飞快向东走了。

康王这一走，经宁海到明州，历尽艰辛。这时，金兵已被打退了，文武百官护送康王到达临安,做了大宋高宗皇帝。

高宗皇帝没有忘记救命恩人,登位后,就派钦差大臣来接小姑娘进宫。

康王走后,小姑娘悄悄把救康王这件事告诉了最要好的女伴,并说自己快要做皇后了,康王会派人来接她,只要自己系的青布拦腰在门口一挂,来人就认得了。小姑娘一时高兴把这件终身大事告诉了女伴,女伴又告诉她自己的女伴,一传二,二传三,大半个村子的姑娘们都知道了这件事。开始,姑娘们把它当成笑话,吭人相信,直到钦差大臣真的来了,这才知道是千真万确的事。哪个姑娘不想做皇后娘娘呢!

钦差抬来龙凤花轿,停在晒谷场上,手捧凤冠霞帔,口喊"请娘娘进宫",接着锣鼓喧天。突然,村子里一家门口伸出一根竹竿,竿上系着一条青布拦腰。钦差高兴极了,忙向这家喊:"请娘娘上轿进宫!"话音刚落,第二家伸出竿子,竿上同样系着一条青布拦腰,接着第三家、第四家……一下子,大半个村子的家门口都荡着"青布拦腰旗"。钦差大臣发蒙了,不知哪家才是真娘娘,只好回去禀告皇上。

高宗皇帝听了钦差回报后,沉默了好一会儿,叹了口气,说:"也罢,就让浙江女子都当一天皇后吧!"立即传旨:凡是浙江女子出嫁之日,可以像皇后一样穿戴凤冠霞帔,坐龙凤花轿,一路吹唱开道。由于女子出嫁是皇后待遇,当天路过的地方,文官避轿,武官下马,好不风光!

这就是宁海女子出嫁"凤冠霞帔坐花轿"的来历。

(摘录自《盖苍随笔》,作者叶柱,有删改)

红喜蛋

结婚要分红喜蛋,而且不论亲友或陌生人,都可以跟新娘子要,孩子更不用说,有时候老年人也会来凑凑热闹,名堂叫作"讨红喜蛋"。作为新娘人家,当然是要笑脸相迎,来者不拒。这一风俗习惯,据说在江南流传已久。尽管现在不少人在结婚时已用喜糖代替,可名堂还是叫"讨红喜蛋"。

那么,结婚为什么一定要分红喜蛋呢?在民间,有一个有趣的传说。

大家都知道历史上有个刘备到东吴招亲的故事,也知道刘备招亲成功,靠的是东吴的乔国老。京剧《甘露寺》演的就是这个故事。可是,很少有人知道"红喜蛋"也有一定功劳。

"刘备招亲"是东吴都督周瑜用的计谋。周瑜想用假招亲、真扣留的计策，拿刘备当人质，要他交还荆州。不料，这一计策早就被刘备的军师诸葛亮识破。诸葛亮设下了"锦囊妙计"，其中有一条就是"红喜蛋计"。原来刘备去东吴时，诸葛亮让陪去保卫刘备的赵云带上大量染红的鸡蛋，一到东吴，不论宫廷宫外、大小官吏或将士，逢人便分，无一遗漏，并说这是皇家礼仪，十分隆重。于是被分到红喜蛋的人都因此感到光荣，没分到的还纷纷到刘备的住处去讨。刘备和赵云更是来者不拒，一般来客让手下人分，头面人物还亲自动手分，大造了招亲舆论。东吴本来没有这种风俗习惯，都觉得新鲜，便一传十，十传百，弄得家家户户都知道东吴公主孙尚香与皇叔刘备即将成亲了。结果，假戏真做，刘备得了个好夫人，欢天喜地；周瑜只落得个"赔了夫人又折兵"的下场。

　　从此，江南添了一个婚俗习惯，每逢结婚便分红喜蛋，人人都可以讨红喜蛋，象征着新婚人家"龙凤呈祥"。宁海同样如此。

（摘录自《盖苍随笔》，作者叶柱，有删改）

洞房花烛

　　洞房花烛夜是人的一生当中最大喜事之一。洞房，指的是深邃的内室，因为结婚的房子都安排在内室，所以一直以来把婚房叫作洞房；花烛，是用彩色装饰的大红蜡烛，专门浇制给结婚用的。"洞房花烛"就是在婚房中点着一对花烛，表明男女双方正式成为一体，结为夫妻。"花烛"一词就代表了新婚夫妇；"花烛夫妻"是旧俗明媒正娶的合法夫妻，正式婚姻。

　　洞房之夜，为啥一定要点花烛，还要通宵长夜亮着呢？这一婚俗来自刘备东吴招亲、诸葛亮巧施锦囊妙计的传说。

　　据说刘备去东吴招亲是很提心吊胆的，怕的是孙权和周瑜要逼他还荆州，弄不好便性命攸关，仗着有诸葛亮的锦囊妙计和赵云的保驾，才壮胆前去。

　　诸葛亮交给赵云的锦囊妙计，不止三个，是三大两小。诸葛亮知道赵云最听话，绝不会乱拆锦囊，便在每个锦囊外注明在什么时候、什么情况下才能开拆。三个大锦囊藏着的妙计：一是通过乔国老让吴国太知道招亲一事，使孙权和周瑜假招亲、真扣留的计策落空；二是当刘备在东吴乐不思归时，让赵云向刘备假报曹兵南下军情，促刘备返回荆州；三是解决周瑜追兵，让刘备安全脱险，使周瑜"赔了夫人又折兵"。这三大锦囊妙计，人人皆知，另外两个小锦囊妙计又是怎样的呢？不可小看这"两小"，在节骨眼上正好是"小"帮助了"大"，才得以大功告成。

小锦囊妙计之一：红喜蛋计。这一计将孙权和周瑜的"美人计"一下子就在东吴公开化了，传遍了东吴各地，红喜蛋立下了头功。

小锦囊妙计之二：龙凤花烛计。

吴国太在乔国老的陪同下，来到了甘露寺，接见了刘备。国太见刘备生得有龙凤之姿、帝王之相，心中十分欣赏。俗话说得好：丈母娘看女婿，越看越中意。加上一番问话和交谈，吴国太已打心眼里欢喜这个女婿，一百个情愿把女儿孙尚香配与刘备了。再经乔国老从旁添油加醋，替刘备说了许多好话，国太主意定了，当场就向刘备许了这门亲事。刘备当即跪下拜谢岳母，行了大礼。招亲的大事一定下，就等着完婚的日子了。

吴国太允婚之后，迟迟不见择日完婚的消息，刘备一行人在贵宾舍里干着急，又不敢催问。怕的是夜长梦多，好事突然变成坏事，不但是空欢喜一场，还要防备大祸临头。刘备思前想后，急得像热锅上的蚂蚁。这时，赵云根据诸葛亮的吩咐对照锦囊，是第二个小锦囊，拆开一看，写的是：怕婚事有变，可用此"龙凤花烛计"。赵云依计而行，叫手下人扛出写有"龙凤呈祥"的一口大红木箱，抬到了客厅，告诉刘备箱里藏着军师设计的一对龙凤花烛，要亲自送去交给吴国太，让国太亲自开箱，然后看国太脸色行事。

手下人扛着大箱，刘备、赵云随后，一径来到甘露寺拜见吴国太，乔国老陪在一旁。刘备依计向国太禀告以后，果然，国太看了看箱上"龙凤呈祥"四字，不住地点头。打开箱子后，见到一对三尺（合今 2.1 尺左右）高、臂膀粗的大红蜡烛，烛上描着金彩的一龙一凤，龙飞凤舞，活灵活现。这般大的描龙绘凤红烛，国太还从未见过，得知这是荆州烛师精心制作的"花烛"，合着女婿是龙，女儿是凤，龙凤呈祥，百年好合，什么吉利话都藏在这对"龙凤花烛"里头了，国太高兴得合不拢嘴。

吴国太一高兴，旁边的乔国老一催促，马上叫来钦天监拣吉期完婚。钦天监一占卜，择日不如撞日，撞日不如今日，今日花烛进门，龙凤呈祥，黄道吉日，是完婚的好日子。吴国太越听越高兴，乔国老趁机搭腔，趁热打铁。于是，吴国太吩咐下去，女婿、女儿梳妆打扮，晚上洞房花烛，要让这对龙凤花烛亮个通宵！

第二个小锦囊妙计"龙凤花烛计"成功，化险为夷，皆大欢喜。

从此,东吴风俗结婚不是点红烛,而是点花烛。新郎新娘登堂交拜后送入洞房,不是红烛高烧,而是叫"洞房花烛"。新婚这一夜,也就叫"洞房花烛夜"了。

　　从此,荆吴一带,花烛行业应时兴起,然而总比不过荆州所产,荆州又名邓州,有"邓州花蜡烛名夺天下"之说。

　　宁海是吴越之邦,自西晋年间建县以来,历时已1700多年,"洞房花烛"婚俗至今不衰。在宁海,"花烛"与"结婚"是同义语。

(摘录自《盖苍随笔》,作者叶柱,有删改)

绸缎当柴烧

　　在宁海流传着这样一个传说,说是有一户大财主人家嫁囡,男女双方门当户对。女方嫁妆多得数不清,应有尽有,真的好比"十里红妆"。囡嫁到夫家,嫁妆摆满大道地,堂前、横厢都摆满。嫁妆搬进新房,摆勿过,摆到备房里去。看热闹的个个喝彩,人人称赞。

　　按宁海风俗,拜堂成亲之后的第三天,新妇要一早起来烧早饭,名堂叫"煮三日饭"。风俗中又有叫"月里新妇人人相",意思是新妇到哪里人们就到哪里"相新妇"。这天,村里来了一大帮人,来相相新妇"煮三日饭"。其中有不少年轻人喜欢搞恶作剧,趁着新妇还没下厨,便把灶边柴仓里的烧柴搬个精光,你新妇介嫁,柴嫁来没有,呒柴,吃生米。

　　新妇下厨来了,身边跟着个陪嫁丫头。新妇进了厨间,一看,柴仓里真干净,一根烧柴也没有,不觉一愣,众人发出一阵笑声。

　　聪明的新妇知道了,是这里的人捉弄她,你父母给你介多嫁妆,柴嫁来了吗?她立即回转神来,向身旁的丫头悄悄地说了几句话,丫头点点头,走了。随即,新妇上灶,洗镬、淘米、舀水、盖上镬盖,动作自然,不慌不忙。人们看得呆了,变得鸦雀无声,不知新妇她葫芦里卖啥药。

　　丫头回来了,只见她左腋下夹着一捆大红绸缎,右手提着一箱花生油,腰间插着一把小剪刀。人们越发奇怪了,都睁大了眼。只见新妇从丫头手里接过了红缎,拿来小剪刀,掰开缎幅,用小剪刀在缎边等距离地方剪了一个个缺口,"唰"的一声撕下一块缎子,一块又一块,地上堆了一大堆。丫头早已打开油箱,新妇拿来火钳,夹起一块红缎,往油里一浸,放进灶膛里,点上火,"轰"的一声,着了。油缎子被一块块塞进灶膛,灶膛里火光熊熊,镬盖上热气腾腾。

"三日饭"煮成功了。新妇夹着剩下未撕的红缎,丫头提着油箱,姗姗地回房去了。观众们这才长长地呼出一口大气来,随着发出一阵欢笑声,夹杂着"啧,啧,啧"的赞叹声。

绸缎当柴烧,传遍了村庄。

人们纷纷夸赞这位聪明、大方、气魄又大的新妇。可老年人却埋怨:这班嘴上吮毛的后生,玩笑开过头,介好绫罗绸缎当柴烧,可惜,可惜!

(摘录自《盖苍随笔》,作者叶柱,有删改)

手捏扁扁葱

从前,有个新媳妇出身书香门第,知书达礼。过门以后,新媳妇得知公爹名叫九,就把"九"字作为忌讳语,凡是跟"九"同音的话都回避不说。这个新鲜事一下子传开,都说村里有了个巧媳妇。

耳闻是虚,眼见是实。当地有些人想去试一试。

时逢九月重阳节,村里九个同新媳妇公爹上下年纪的人自动组合,一起到新媳妇的家去。

事有巧合,为了过重阳节,新媳妇从自家园地里割来一把韭菜作配料,路上正好碰到这九位长辈,便跟在他们后面,同到自己家来。

这九人要新媳妇传话给她的公爹,说:"我们一共九个人,特地来请你家公爹九,去吃九月九日重阳酒。"

一连串的"九",要想避开"九",难度实在大。九个来客要看看这位巧媳妇的"巧"门。

新媳妇很礼貌地让进客人,请他们在堂前稍坐,然后请出公爹,说:"手捏扁扁葱(指韭),声声叫公公,堂前四五(合为九)客,叫你公公吃重阳。"

公爹笑容满面地点点头,向着堂前客人迎了上去。

"哈!哈!哈!"堂前的客人大笑起来,纷纷竖起大拇指,"好一位巧媳妇,果然名不虚传!"

(摘录自《盖苍随笔》,作者叶柱,有删改)

2. 歌 谣

哭和笑

一会哭、一会笑,拉屁铜钿买只叫(哨子)。嘟嘟叫,一直吹到白鹤庙。

徕(哄)蚂蚁

蚂蚁蚂蚁扛大树,呕爹呕娘着短柱。儿也来,囡也来,砧板薄刀都带来。

兜兜虫

兜兜虫,虫虫飞,抓只蝴蝶园屋里。大虫小虫都飞去,抓来蝴蝶园屋里。

数数歌

第一长脚牌,第二关老爷,第三三弓箭,第四穿针线,第五五皇帝,第六要吃屁,第七七点香,第八八娘娘,第九九太子,第十十团圆。

摇篮歌

摇啊摇,摇到外婆桥,外婆叫我好宝宝。糖一包,糕一包,糖儿糕儿吃个饱。

燕子飞上天

燕呀燕,飞上天。天门关,飞上湾。湾头白,飞上麦。麦头摇,飞上桥。桥上打花鼓,桥下娶新妇。新妇有多大?三间楼屋比出外。新妇有多长?三间楼屋比栋梁。新妇嘈姆(什么)嫁嫁来?三块印花麦果嫁嫁来。公一块,婆一块,两叔伯姆拼一块。

绕口令

抬来一只鼓,鼓面画只虎。虎爪抓破鼓,拿块布来补。是用布补鼓,还是布补虎。补来又补去,越补越糊涂。鼓亦勿像鼓,虎亦勿像虎。到底怎样补?去问老师傅。

节气吃点啥

正月十四吃团，冬至日吃圆。清明吃菁草，四月八吃柴脑。立夏鸡蛋泡，端午笋壳包。六月六尝新吃麦糕，八月初三印花麦果板头敲。八月十六麻糍捣，九月重阳吃阳糕。

种田歌

手把青苗插沃田，低头便见水中天。上行种落下行转，后退原来是向前。

十八岁姑娘一朵花

十八岁姑娘一朵花，不知落在哪一家。红花要与绿叶配，哥今有缘配侬花。

嫁 郎

嫁个读书郎，夜夜守空房。嫁个种田郎，带泥夹货（扃）上眠床。嫁个裁缝郎，布头布尾满箩筐。

新做媳妇难

新做媳妇实在难，一早爬起烧早饭。一日三顿勿用讲，洗衣洗裤洗碗盏。忙到日头西边落，夜里点灯补被单。

躲 债

十二月廿七八，说在想办法。到了二十九，嘴说有有有。三十年夜呒处寻，正月初一跳出来像个人。

船 老

落船当老大，心里真个怕。一脚棺材里，一脚棺材外。渔船出了海，风浪实在大。家里眼望吊，船上更记挂。但愿满载归，团聚笑哈哈。

渔民苦

渔民生活真难熬,又怕风浪又怕盗。夜睏船舱板,日喝烂鱼汤。冷热苦自知,一身破衣裳。三寸板里当天堂,三寸板外见阎王。

卖柴汉

一根扁担两头尖,爬山过岭步步颤。柴担挑到车门前,老板克秤压价钿。柴担送到镬灶前,算盘一笃勿值半斤盐。

十二月长工歌

正月节子正月种,挈双草鞋去上工。
喝落三盅上工酒,好比深山画眉落樊笼。
二月节子二月种,磨把柴刀上山峰。
山脚斫到山岗上,柴担欠重凿(骂)长工。
三月节子三月种,手牵黄牛雨蒙蒙。
上横耕起下横转,田角未掏(锄)凿长工。
四月节子四月种,手捏黄秧散松松。
左手分秧右手插,田眼忘塞凿长工。
五月节子五月种,背起田圈耘田垄。
上行耘落下行转,茅稗未拔凿长工。
六月节子六月种,脚踏水车快如风。
上潭下潭都车燥,高墩未漫凿长工。
七月节子七月种,新打草刮快如锋。
上横削落下横转,草根未光凿长工。
八月节子八月种,肩背稻桶落田垄。
上丘割完下丘转,箩头未满凿长工。
九月节子九月种,满垟棉花白蓬蓬。
主人长袍短套件件有,长工单衣破袄过寒冬。
十月节子十月种,糯米做酒缸缸红。
上好老酒请贵客,剩下酒脚待长工。

十一月节子十一月种,打糖划糕闹哄哄。
糕头糕尾呒没长工份,担水磨磨呕长工。
十二月节子十二月种,麻糍糕粽落蒸笼。
年事样样都办好,算盘一笃送长工。

3. 俚　谚

喻上进、成长的:人望高头,水望低头。日长夜大。

喻性格:生好性,钉好秤。江山易改,本性难移。百姓百姓,百样心性。一娘生九子,连娘十条心。

喻家庭和睦:家和万事兴。是大好养小。若要好,大做小。

喻讲团结:姑娘嫂,落得好。三兄四弟一条心,门前泥土变黄金;三兄四弟各条心,门前黄金化灰尘。

喻生儿育女:不孝有三,无后为大。有子万事足,无子空劳碌。宁生败子,勿生呆子。麻衣挂壁勿算子,送上山头才是子。生儿勿稀奇,生囡吃猪蹄。

喻重男轻女:生稀佬(男),全家欢喜;生囡夹(女),畚箕努嘴。

喻择媳择婿:讨囡讨蓬头(少女),养牛养笼兜(刚穿鼻)。女怕嫁错郎,男怕选错行。

喻少女成长:大姑娘十八变,临上轿变三变。

喻难能可贵:点灯笼寻勿出。百里挑一。

喻推己及人:上半夜忖忖自家,下半夜忖忖人家。

喻父母心:娘忖儿,路样长;儿忖娘,箸样长。娘饭香,夫饭长,兄弟饭莫思量。

喻母爱:儿勿嫌娘丑,狗勿嫌家穷。宁死做官爹,难(不可)死讨饭娘。

喻敝帚自珍:金窝银窝,勿如自家草窝。

喻自力更生:求人不如求己。望人家米落镬——难。吃人一碗,受人所管。

喻自立:家有黄金千两,勿如薄技在身。

喻存心:人要心好,树要根好。

喻虚心:山外有山,天外有天。强中自有强中手,能人背后有能人。人比人,气煞人。

喻虚假：瞒得过一时，瞒勿过一世。真金不怕火炼。勿怕勿识货，只怕货比货。做戏是癫，相（看）戏是呆。

喻奸诈：富贵若从奸巧得，世间呆子呷西风。

喻决心：斩指头为戒。（原指戒赌）裳衣汆去勿争箬帽。心坚勿怕壁斜，猛火勿怕青柴。

喻粗心：快嘴吭好话，快马吭好步。

喻正直：一人做事一人当。真金勿怕火炼，猛火勿怕青柴，脚正勿怕鞋歪，身正勿怕影斜。只要坐得正，哪怕和尚尼姑同条凳。弯田吭弯谷，弯树吭弯屋。

喻理直：横理千条，直理一条。有理走遍天下，无理寸步难行。有理勿在喉咙胖。有理打得八太婆。

喻打官司：气煞难告状。乡下人勿发癫，城里人吭交起火烟。

喻真人不露相：一难打和尚，二难打黄胖。

喻情意：千里送鹅毛，礼轻情意重。

喻睦邻：远亲勿如近邻。邻舍好，好靠老。亲帮亲，邻帮邻。拳头打出外，手臂弯进里。

喻礼尚往来：亲眷篮对篮，邻舍碗对碗。

喻耐苦：多衣多寒，吭衣薄薄寒。

喻忍让：人情留一线，日后好相见。吃亏便是便宜。

喻正确对待问题：做天难做二月天，蚕要温暖麦要寒。指头伸出有长短，牙齿口舌有相争。

喻学无止境：做到老，学到老，活到八十还学巧。要好，问三老；三老勿应，必有毛病。临老识世界，临夜走得快。

喻不学无术：外头花线，里头空。外面花俏，里面草包——绣花枕。

喻失言自嘲：有灯见灯念，吭灯摸黑念。

喻不懂装懂：半桶水乱淌，半担屙乱荡。

喻多言和强词夺理：嘴唇薄贴贴，讲话讲勿歇。会讲有理，会吃有米，会给有被。

喻能者多劳：多学学，多凿凿；一样勿学，得个安乐。（赌气语）

喻锻炼：后生勿做劲，老来要做病。

喻韧劲：狗脚勿折，羊眼勿瞎。

喻勤劳：一勤生百巧，一懒生百病。家有千金，勿如日进分文。尚添一斗，莫添一口。

喻节约：家有千金，勿添双芯（灯芯）。

喻贪吃懒做：做生活勿出汗，吃饭汗吃出。麦秆喉咙，筒箕肚。饭吃三大碗，走路黄胖探。上岭脚骨酸，落（下）岭要头眩，饭勿吃要肚瘪，做生活要着（吃）力——懒虫病。

喻衰退老化：好囡难做娘，好田难育秧。内客装大——勿像。

喻抓时间、抢速度：鬼压番薯。（插番薯藤秧的天气最好是选在雨后傍晚，成活率高，因此往往要插到天黑，有天黑时鬼出的迷信说法）做人只欠好，库新头（早晨）只欠早。

喻办事难：雪骭寻针。做人单怕挖眼争，种地单怕地韭姜，栽树单怕穿心栳。

喻两难：斫高难为树，斫低难为地。

喻坚持：蚂蚁啃骨头。拳勿离手，曲勿离口。山高自有横沿路，水深自有船来渡。

喻主见：自家肚里自家划，难听闲人过路客。

喻出门难：在家千日好，出门半朝难。外面龙床勿如家里草窠。

喻家乡观念重：穷乡难舍，熟土难离。

喻有计划性、有备无患：养儿防老，积谷防饥。吃勿穷，着（穿）勿穷，划算勿着一世穷。穷柴仓，富水缸（原指防火）。

喻无计划性：拆东墙，补西缺。三间茅屋，一世劳碌。

喻难与易：挑花容易摆花难，缝花容易配线难。

喻徒劳无功：黄草鸡娘孵鸭蛋，翻来覆去一场空。抲鸡勿着蚀把米。好意无好报，癞头无好帽。阿龙捣年糕，吃力勿讨好。

喻交情：君子之交淡如水，小人之交甜如蜜。一撮虾皮好，一滴鸡屙臭。

喻心机太重：聪明反被聪明误。聪明一世，懵懂一时。

喻心口不一：讲来像仙人，做来像癫人。

喻说到做到：君无戏言，官无悔笔。

喻妄想：吃素有相关，牛马上西天，拉屎好壅田。心介猛，运未行。命夹九十九，到处斸满斗。

喻安分守己：呆人自有呆人福，黄泥菩萨住瓦屋。

喻态度随和：好坏勿论，只要有份。伸得手，缩得怀（原指送礼）。

喻人情世故：不看僧面看佛面。人面长，财面短。

喻处世：害人之心不可有，防人之心不可无。走路防跌，吃饭防噎。人心难托，鸭胗难剥。呒不大人好讲孝，呒不小人好讲教。嘴好好落行，手好好进房。

喻防欺骗：哄死人，勿偿命；打死人，要垫命。

喻不知耻：陈年小麦老面皮。面皮老老，肚皮饱饱。

喻倚老卖老：吃盐比侬吃饭多，过桥比侬走路多。

喻老而无用：人老颠倒，牛老老拗，狗老爬灶。

喻世态炎凉、人情冷暖：将军在，门前闹如海；将军死，门前冷如水。人情薄如纸。

喻求人不如求己：别人求我三春雨，我求别人六月霜；三月之雨常常有，六月浓霜何处求？细财八只脚，一世追勿着。想得天赐宝，一世苦到老。

喻相助：光棍光棍，大家帮亲。

喻无暇兼顾：肚皮搔勿遍，哪能搔背脊？

喻冤家路狭：冤家碰着对头人。

喻硬气：硬来硬到底，麦来勿吃米。硬碰硬，铜缸对铁氅；输就输，石板地掼乌龟。

喻针锋相对：针尖对麦芒，胡椒对生姜。

喻弄巧成拙：奵轻勿轻，拜堂送经。奵省勿省，念佛送斋。有福勿享，楼屋拆掉盖茅厂。

喻庸人自扰：好愁勿愁，要愁六月呒日头（太阳），要愁小囡呒搭头（姘头）。好细意勿细意，裤子脱掉拉屁。好心事勿心事，心事棺材里呒地方拉屙。

喻狂妄自大：眼角头未生仙人（指眼球）。自称夸，烂冬瓜。

喻夸夸其谈：点灯生太婆。我妈生我哥，我在眠床里壁刮砂锅（指吃剩粥）。呒汤洗脚——燥辩。

喻不切实际、讲排场：外头花线，里头空。小兵钱粮，总督排场。

喻虚荣、要强：要俏，骨头冻得咯咯叫。天勿怕，地勿怕，单怕乡下末佬打官话。屋里烧扛灶，外面充大佬。

喻赶时髦：磨得鸭嘴尖，鸡已勿值钱。

喻上行下效、相互勾结：上梁不正，下柱挫（歪）。一鼻孔出气。同穿一条裤。

喻以强凌弱：大蛇欺小蛇，小蛇欺蛙蟆，蛙蟆欺蛱蜢，蛱蜢欺稻花。（顶针格）

喻报应：恶人单怕恶人谋，蜈蚣单怕田蚰螺。

喻贪得无厌：老鹰飞过拔把毛。针头削铁，佛面刨金。千钿想万钿，做得皇帝想神仙（一说万钿想神仙）。天高勿算高，人心高，节节高，井水给侬当酒卖，还要嫌我吭不糟。

喻重家教：教子在孩，教妇初来。教儿好勿好，三岁看到老。

喻不堪教育：对牛弹琴。水浇鸭背。风吹过山。朽木难雕。劝人勿善，教人勿乖。吃点苦苦，剩点赌赌。

喻不择手段：活抢活夺。翻眼勿眝人。

喻农业重要：人面难求，土面好求。敬重田地敬重谷，敬重大人敬重福。粗头口，供千口；斧头口，口对口。赌博财主天勿容，打头财主稿荐筒，生意财主勿长久，种田种地吃勿穷。衙门钱，一蓬烟；生意钱，六十年；种田钱，万万年。

喻季节：七月半，蚊虫如打钻；八月八，蚊虫壮如鸭；九月九，蚊虫两张口。

喻季节性活动：正月鹞（纸鸢），二月鹞，三月惹人笑。

喻夫妻：夫妻恩爱，讨饭掰袋。相相量量，养只猪娘。内客是个宝，卖田卖地都要讨。早饭未吃总是早，内客未讨总是小。一张眠床勿睏两样人。月里乌娃难耸，新讨老婆难宠。天怕东风雨，人怕床头鬼。旱天多雨意，泼妇多眼泪。

喻夫妻争执，和好得快，外人不必插手：夫妻勃嘴，如刀斫水。夫妻相打，一碗羹冷。日里打相打，夜里摸脚梗。

喻再婚：吭不丑妇挂笆头，只有丑郎独脚足勾。嫁一嫁，嘟一嘟。

喻条件重要：吭油吭酱，乃姆一样（原指做菜）。

喻睡懒觉：日头晒肚皮。一觉困到大天白亮。

喻癫痴头：日头亦介猛，癫头亦介痒。癫痴头对话：琉璃对琉璃，宁波阿伊去？剥壳对剥壳，宁波在北角。

喻人贵有志：人不可貌相，海水不可斗量。一十不读，二十不成，三十不豪，四十不富，五十平平过，六十迈死路。天无绝人之路。

喻表地方特点：岙里王，蚊虫叮竹桩。双姑、道士桥，蚊虫半天遥。廿里铜岭岗，后生挖（爬）黄胖。

4. 谜 语

头戴六角菱,身穿鸳鸯瓶。人家问我啥姓名,我与黄帝并辈人。(谜底:黄栀)

四四方方一座城,城内驻着百个兵。打开城门兵出来,头碰城墙冒火星。(谜底:火柴)

一条白龙过长江,口念珍珠吐金光。珍珠要吃白龙肉,白龙要喝珍珠汤。(谜底:青油灯盏)

在娘家青枝绿叶,到婆家面黄肌瘦。不提起也罢,一提起泪水涟涟。(谜底:撑竿)

四四方方一座城,里屯粮草外屯兵。大兵若要进城去,除非等到天大明。(谜底:蚊帐)

5. 方 言

宁海方言基本上属吴方言区。吴方言区有两个次方言:一个是浙江方言,分布在江苏及浙江北部,是正宗的吴方言,发音较清;另一个是浙南吴语,分布在浙江中南部,语音较浊。宁海旧属章安,即台州,基本上属浙南吴语区,既受北部杭嘉清音影响,又受南部台温浊音混合,语音硬中见软、重中见轻、浊中有清。加上文人代出,宋有丞相叶梦鼎,学问家郑霖、胡二省、舒岳祥,明有大儒方孝孺等的影响,口语中含有不少文言因素,形成了宁海方言俚语的一种独特风格。

人称代词

单数:我、我侬、自家(即我自己),尔(即你)、尔侬,其(即他)、其侬。

复数:我等(即我们),尔等(即你们),其拉、其班人、其档人、人家(都指他们)。

疑问代词

怎兴、怎兴个、亨、亨个(都指怎么样或为什么),何勿(为什么),嘈姆(什么),敢吴(谁)。

语气助词

也：表示强调或反诘。如：敢吴讲过也。（意思是谁也没有说过）

耶：表示疑问或感叹。如：是其侬耶！（意思是原来就是他）

矣：表示肯定或感叹。如：勿晓得矣。（意思是不知道）

时间词语

格且（现在，这时候），曩且（以前，往日），转会（过些时候，以后），停几（等一会儿）。

库新（早晨），日昼（中午），晚界（晚上）。

副 词

但凭："但"在文言词中是"只"的意思，但凭就是只凭或任凭。如：但凭尔怎装（即：任凭你怎么办）。

但愿：只希望。但愿上天保佑。

由：同凭。如：由尔好啦。

动 词

装：文言词语中"装"字可解为做作。宁海人的"装"字用处较广，有做、干、办、打、斗、赌、赛、拼、塞、填、欺侮、捉弄等含义。如：

怎兴装装？（怎么办）

让我来装。（让我来做）

装进去。（塞进去）装个满。（填满）

勿相信，装装相。（装字相当于打、赌、斗、赛、拼）

其装其。（他捉弄：欺侮他）

难：本义困难：在家千日好，出门半朝难。

不可：嬉，难嬉朋友妻；好，难好朋友嫂。

不好：日难讲人，夜难讲神。穷难瞒，丑难遮。

不能、不要：月里乌娃难耷，新讨老婆难宠。

得："得"在现代汉语中是结构助词，宁海话多用作动词，如：

千钿想万钿，做得皇帝想神仙。（得到、到达、成功）

猫翻氅头，好得狗一肚。（让）

井水得侬当酒卖，还要嫌我呒不糟。（给、供给）

两牛相秒，苦得秧田。（使）

亦可作"被"用：人善得人欺，马善得人骑。

劳驾：即有劳大驾。客气语，就是麻烦你了。

接风：贵客临门时设宴招待。

得罪：触犯了别人。

冒犯：义同上。

消气：即赔礼、请罪。

白谈：闲谈聊天，拉家常之类。

进肚：表示全懂。

形容词

斯文：文绉绉、文质彬彬的样子。

鲜健：健康长寿，多指老人。

犯关：不得了。

尖：刻薄，占便宜。

其　他

衣裳：古时上衣为衣，下衣为裳。宁海人叫的"衣裳"，有时指衣裤在内，有时指上衣。

衣裳头脚：指全部服装，有时还包括鞋帽。

昼饭（中餐），接力（点心），下饭、羹沽、羹配（均指菜肴）。

屋宇（房屋），车门（大门），道地（天井），堂前（中堂），灶间（厨房）。

出门（外出），远行（走远路），赶市（去集市），落海（下海捕捞）。

此外，宁海人在骂人时还保留不少文言词语痕迹。如：充军、斩头、斩千刀、千刀万剐、全家诛戮、满门抄斩；夭寿、短命、天诛、天诛地灭、不得好死、倒路尸；犯回禄（指火灾）、天火燀、大麻风、断子绝孙、乌龟王八蛋；婊子精、狐狸精、守活寡、望门寡、六嫁嫂、败门风俗。

讥人瘦：排骨、骨牌、茄皮绿（茄子老了，肉空了，一煮便剩了一张绿色的皮）。剌人肥：壮猪。夸人肥：鳗段肉、滚墩壮。

十评人：说一不二（信得过）、勿三勿四（不成器）、擂五擂六（糊涂话）、喝七喝八（唱高调）、十拿九稳（把握大）。

宁海语言中的另一个特点，就是在区别事物大小时，很有点古汉语运用声韵表意的味道。凡表达大的事物就用平声，拖个尾音；表达小的事物则用仄声，不拖尾音。不仅泾渭分明，而且优美动听。下面略举几例（概用宁海音拼音）：

大人（níng）——小人（nìng）

大姑娘（niāng）——小姑娘（niàng）

东西（xī）——小东西（xì）（城关，西读 sī）

大戏法（fā）——小戏法（fà）

大车门（mén）——小车门（mèn）

大道地（dí）——小道地（dì）

高墙（xiáng）——矮墙（xiàng）

大排场（qiáng）——小装装（zhang zhàng）

（四）宗姓家谱

1. 修谱历史、文本状况

叶氏宗谱修过两次。民国八年（1919）岁次己未仲秋，由清贡生补用直隶州州判前象山县知事同邑蔡裔鳞修，保存完好。1992年中秋，由胡陈乡翔凤头村鲍英善修，保存完好。

冯氏宗谱修了多次。清雍正五年（1727），十三世孙滕蛟修，保存较差。1887年，即清光绪丁亥十一月冬至，孙辅宸修，保存较差。民国八年（1919）岁次己未仲吕月，赤城廪膳生陈寿麟修，保存尚好。民国二十四年（1935）修，系山头冯氏总谱，按全族辈分修，共十本，保存完好。民国三十六年（1947）修，赤城庠生陈九如修，保存完好。1990年庚午年，由力洋下街头谢大根修，保存完好。

2. 力洋应氏家训

家　训

为父母者当谨胎教,小学、大学之教不可过时。天资高,家道贫,众宜相助。子孙虽才识过人,不得凌忽尊长。讲孝悌,守礼法,宗族和睦。非儒则农,贸易亦可,应安于本业。

应氏行第

隐承养维世宗从,延昭民邦文仲真,孝敬玄(元)原佳永良,乾仁德正期明春,继述昌隆大(端)可必,才(重)华贵盛宜光新,克复至道本自(成)汝,天章耀显振时伦。

注:1. 应氏自其"佳"字辈祖佳兴公于元至正末期(约1360)由双屿迁居力洋,现已传至"贵"字辈。

2. 行第句中并列的如"玄""元"等,属同一行第,可任用其一。

3. 力洋胡氏家训

家　训

序昭穆,别长幼,人伦为重,礼仪为先。见尊长,坐必起,行必序,应对必以名,毋得尔我之称。不可恃富欺尊,以乖礼法。

胡氏行第

万元时居绍崇承,孟仲国(景)天(宗)继世守,积善传家余庆远,吉人奕代肇其昌。

注:1. 胡氏自其"仲"字辈祖仲伫公,于明万历三十三年(1605)由塘里迁居力洋,现已传至"人"字辈。

2. 行第句中并列的如"国""景"等,属同一行第,可任用其一。

4. 力洋冯氏家训

家　训

教耕读，务职业。不读书，礼仪不明，安望书香一脉；不耕种，营生无计，岂可游手好闲。治家必以勤俭，服器不尚浮华，遵规守法，杜绝奸邪，方有康乐平安之家。

冯氏行第

均重彦南益希乾，尚德弥高贻世远，钟隆万载永传宗，一统相承光化满。

协昌时悉刚冲顺，师春礼直方持盈，沛保泰笃博威果，贯扬逸济业弘成。

注：冯氏自其"高"字辈祖高贤公，于明万历四十六年（1618）由长街山头村迁居力洋，已历时十五世，现传至"承"字辈。

5. 力洋叶氏家训

家　训

见事必忠信，持身先廉耻。忠孝为本，读圣贤书，求教诲行，上善积德，耕读传家。努力上进，自食其力，读书报国；报国必读书，唯读书始能报国。

叶氏行第

景温仁承从居惠，元彦安克日梦应，与大原思观友世（存），天光玄（时）绍必邦乾（其），可善相成定翼显，源修（秀）庆积子昌贤，明德之后有达者，百行唯是孝为先，继往开来重振宇，荣宗耀祖载万年。

注：1. 叶氏自其"乾"字辈祖叶乾仁，于清康熙五十二年（1713）由岭岐迁居力洋，现已传至"子"字辈。

2. 行第句中并列的如"世""存"等，属同一行第，可任用其一。

宁波传统村落田野调查·力洋村

六 诗文选录

（一）力洋八景诗

1. 其 一

西岙寻梅

争传南岭报春阳，西岙谁知亦竞芳。
独傲冰霜标素质，拒随桃李斗华妆。
骑驴乘兴寻仙萼，冒雪探幽识暗香。
不是一番风信早，更谁览胜到山庄。

海口观潮

万顷银涛拍岸来，海波例卷涧波回。
雄冲屿峡威弥壮，怒激岩扉势欲摧。
蛤晕春生圆入画，芦花风起雪成堆。
银山十二凭君看，谁是登楼玉局才。

大坪牧笛

高原放牧景幽清，短笛无腔别有情。
戴笠最宜牛背稳，挥鞭且喜陇头平。
晓惊黄鹤楼中梦，晚弄苍烟叶里声。
扣角南山传古洞，于今犹自忆芳名。

柳潭垂钓

潭映千条柳线柔，竿头伸向此中求。
波涵马尾惊丝乱，鳞糁鹅毛讶饵投。
数尺影翻青藻密，满池痕漾绿荫稠。
得鱼莫说寻常事，为问渔翁有帛不。

乌岩积雪

雪落寒添舞朔风,乌岩积处最玲珑。
尚余黑影层峦外,远拥清光夕照中。
世事白云多变态,此间素物欲凌空。
墨痕玉液交相映,始信天工是化工。

双屿归帆

天际残霞落照辉,布帆队队晚江归。
潮声闹处争先上,桥影回时泛若飞。
涌出双峰横鹭渚,航来一苇傍鱼矶。
徐看月色昏黄处,无限苍烟绕翠微。

白冈玩月

素影清光夜未阑,偶然好景蹑重峦。
光临银汉群峰朗,魄濯冰壶一夕寒。
余兴每从高处得,蟾华最耐静中看。
能将心地参虚白,岂患澄霄比象难。

石笋凌云

危峰似笋足游观,上出青云翠影寒。
劲节何须看解箨,高标直欲压群峦。
一峰洗出经秋净,千仞撑开入夏蟠。
倘系珊瑚沧海上,还须取作钓鳌竿。

注:摘录自《力洋叶氏宗谱·世藻》,作者叶抡元,一名善珩,字世典,号楚珍,力洋诗人,生于清乾隆十六年(1751),卒于清嘉庆二十五年(1820),乾隆年间增广生,即廪生。

2. 其　二

西岙探梅

西岙曾传有老梅，为探芳信费徘徊。
美人林下应堪赏，高士山中定许陪。
何处竹篱春意逗，阿谁茆舍暗香来。
偶逢林叟从相讯，报道前村昨夜开。

海口观潮

湖势汪洋没古津，洪涛壮阔接青旻。
几多白马形容幻，不数银山气象真。
屿小于拳浓入画，波寒似镜净无尘。
休言潭国无佳境，览到应知眼界新。

大坪牧笛

地近乌岩翠锁烟，忽闻长笛响林泉。
吹来柳下兼花下，弄出山边复水边。
乱脱蓑衣芳草地，倒骑牛背夕阳天。
何堪两度遭烽火，犹听儿童闹管弦。

柳潭垂钓

潭水悠悠接海流，柳荫垂钓羡鱼游。
一竿影乱藏鸦处，半顷波涵宿鹭洲。
绿笠青蓑何所计，斜风细雨不胜秋。
等闲未解其中趣，笑道何如结网求。

乌岩积雪

乌岩万古峙尘寰，雪积乌岩顿改颜。
赤壁料难云赤壁，青山都不是青山。
梅花几点寒还瘦，野鹤一巢清更闲。

亦有袁公高卧否？待拖双屐叩松关。

双屿归帆

数行鸥鸟贴波飞，叶叶满帆趁晚归。
细雨斜侵蓬背湿，和风快送浪花微。
人喧渡口潮初涨，舟泊滩头日未晞。
笠影鞭丝唱若辈，底须裘马炫轻肥。

白冈玩月

携筇躐屐上高峦，爱乐频来此地看。
玉宇无尘生海上，冰轮似镜出云端。
松风拂袖吟怀健，石磴眠琴快意弹。
差喜平生无个事，中秋一度一回观。

石笋凌云

石笋峰交插远岑，亭亭气概入云深。
非关好雨滋千尺，岂待阳春长几寻。
结实何时供凤食，临风奚日听龙吟。
苍山旧本钟灵地，牙笏朝天拟至今。

注：摘录自《力洋冯式宗谱》，作者冯隆模（1771—1844），力洋诗人，系乾隆后期邑庠生。

3. 其　三

西岙探梅

历尽山隈又水隈，不辞风雨为探梅。
陇头消息休轻寄，驴背诗情漫许催。
地僻岂无高士卧，林深应有美人来。
此间昨夜花开未？曾向村前问几回。

海口观潮

潋滟平波似鉴开,都从眼底骇喧豗。
军威十万声何壮,弓弩三千射不回。
雁路远随云外尽,帆樯斜挂雨中来。
休嫌未及之江胜,大抵留名仗异才。

大坪牧笛

大坪牧放雨初晴,短笛欢来韵自清。
一曲乌岩催落日,数声红树杂啼莺。
光天世界消愁怨,稚子风流见性情。
还有一般真合拍,樵歌缓缓唱归程。

柳潭垂钓

半顷寒潭景最幽,柳荫深处钓鱼舟。
烟波闲散疑方外,世界清凉坐石头。
细雨斜风甘冷淡,青蓑绿笠任勾留。
渭滨一叟真难得,到老还逢梦卜求。

乌岩积雪

昨夜纷纷雪满天,乌岩风景异从前。
好添谢传诗情畅,不减王维画尽妍。
曙色笼时真绉瘦,梅花开处共新鲜。
此间已是夸奇绝,况是峨眉万丈巅。

双屿归帆

双屿两山郁翠微,片帆挂处正斜晖。
几家烟火炊鲈饭,数里塘堤晒网衣。
古渡潮平云水阔,海天风紧荻花非。
笑余不及渔翁乐,日日街头醉不归。

石笋凌云

磷匕石笋信非常，缥缈凌云隔水望。
画拟王维何石瘦？咒成苏子亦荒唐。
奇形特立乾坤古，秀骨撑持造化长。
一片苍茫终不改，翠山两霁正斜阳。

白冈玩月

偷闲散步白冈头，月色空明景不侔。
傀儡欲销千古恨，牢骚时纵一番游。
更新霞气侵衣湿，秋老风光瞥眼收。
此景此情非易得，明年此夜再来否？

注：摘录自《力洋冯氏宗谱》，作者庠生冯隆模孙冯载珪，字立璋。

（二）竹枝词

其 一

西关塘外水迢迢，小艇冲烟趁暮潮。
打得鱼归双屿口，夜来灯火似元宵。

其 二

望中雨笠共烟蓑，耕破春田早种禾。
最怕夏来天久旱，紫芳潭上桔槔多。

其 三

春来都为养蚕忙，姊妹相将共采桑。
西岙东陵都摘尽，商量明日到横塘。

其　四

松枝两捆一肩挑，认是苍山谷口樵。
卖得百钱都换酒，朝朝醉过沥洋桥。

其　五

农家事业重桑麻，春到田湾景物赊。
十里平畴红似锦，东风开遍紫荷花。

其　六

东邻烟火接西邻，两地人家近海滨。
日日石阑桥落后，满街都是卖鱼人。

注：摘录自《力洋叶氏宗谱·世藻》，作者叶善墉，清乾隆年间力洋诗人。

宁波传统村落田野调查·力洋村

七 乡贤名士

1. 辛亥革命志士——叶颂清将军

叶颂清，原名敷翊，学名颂清，字子布，号道根，清光绪五年（1879）三月十四日出生于盖苍山（俗名茶山）南麓三门湾海积平原的力洋村。叶颂清祖父叶成昆，清道光年间庠生，候选分州（今属四川崇州市），非实职；父叶起轩，清咸丰年间贡生（贡元），同治元年（1862）曾任军队教谕。

叶颂清母亲生有五子，颂清居四，因其二兄早亡，颂清升为第三，他的住宅也被称为第三份。叶颂清八岁丧父，母葛氏与他的兄长专门替他聘来一位名师坐堂教导，既读四书五经应对科举考试，又着重毛笔字训练培养书法才干。

光绪二十六年（1900）庚子年，叶颂清二十一岁，他跨出家门，赴台州府考。因文章受到台州督学徐致祥的赏识，他被点为第二名秀才。特别是叶颂清写得一手好字，徐致祥更是赞不绝口，夸奖是"公权再世"。

1901年，叶颂清二十二岁，母亲与他兄长替他完婚。这门亲事早已订好，妻子是铜岭岗上杨氏家族的一位贡生杨殷同的第二个女儿，小叶颂清一岁，出自名门，知书达礼，十分贤淑。

1902年，叶颂清打听到南京的江南陆师学堂在招生，他当机立断，决定报考陆师这所军官学校，投笔从戎。他告别了母亲、兄长、妻子，只身离家，奔赴南京，以优异成绩考入江南陆师学堂，穿上戎装，成为力洋叶氏家族弃文习武第一人。

1906年初，叶颂清从江南陆师学堂毕业，回到杭州，任浙江省督练公所兵备处调查员。这时，浙东新军第二标（相当于后来的团）开始编练，杭州海潮寺办起了弁目学堂（军校），叶颂清被任为新军第一营队官，兼弁目学堂教官。

叶颂清安排好工作之后，回了一趟家乡，做了两件大事。

第一件事：创办力洋小学。清政府自订立《辛丑和约》以后，慈禧太后为了讨好帝国主义洋人，下令废科举、办学校。城市风气开得早，学校蓬勃兴起。力洋闭塞落后，仍然只有一所私塾，办在力洋境庙旁边的文昌阁那里，一个塾师教着十几个蒙童，读的是《百家姓》《千字文》等启蒙读本，对比着学校教育有国文、数学、唱歌、体操，是大大落后了。叶颂清回乡见此情形，心中很急，便同族中大佬商量办学，征得叶氏族众同意后，拨出一批祭祖祀田（俗称众家田），捐出自己部分田产，作为办学基金。他与当时乡董叶家树筹划，公推叶颂清的二哥叶耐清为校长，在叶氏宗祠里办起了一所力洋初级小学，作为叶氏与乡亲子弟义务教育的场所。从此，力洋有了一所新型的小学。

第二件事：带出去一批从军的家乡子弟。这一批家乡子弟中，有受他投笔从戎影响主动出去从军的叶颂贤，有他亲自带出去的叶衍桐等人。这些家乡子弟中年龄大一点的，都在军校毕业后参加过辛亥革命，在攻克南京战役中立过军功，民国建立后当上军官。

光复会在杭州以弁目军校为基地，在绍兴以大通学堂为基地。两地都以叶颂清为教官，积极训练学生军，灌输反清思想，准备武装起义。这时的叶颂清已经不是当年单纯为抵御列强侵略而投笔从戎的叶颂清了，这时的他已经是为推翻清朝建立民国而随时准备献出生命的民主革命志士了。有一次，叶颂清在西湖与同志们的聚会中，激情高昂、慷慨赋诗，说："苍山亦解沧夷恨，缟素群兴草木兵！"真是义愤填膺，恨不得马上召集天下之兵把清朝推翻掉。

1907年是农历丁未年，秋瑾在这年策划浙江光复会起义，历史上称作"丁未起义"。在绍兴大通，凡属军事方面的事，均由叶颂清负责。起义失败后，清政府大肆搜捕革命党人，风声一天紧似一天。在紧急关头，叶颂清掩护担任联络员的光复会会员周亚卫转移脱险，并资助遣散敢死队员分散待命，所有大通枪支一一分沉河里，以图再举。秋瑾就义后，她的家里人不敢收尸安葬，叶颂清含悲忍痛，出资请慈善堂收尸掩埋。直到民国建立后，叶颂清等将秋瑾灵柩移葬在西湖西泠桥边，修筑"风雨亭"，取秋瑾诗句中"秋风秋雨愁煞人"的含义作为纪念。

接着，北方保定军校前来邀请叶颂清担任该校炮兵教官，叶颂清立即受邀北上。他的暂时离开杭州，一是避开清政府搜捕革命党人风头，二是借此机会给北方军校播种革命火种。

1908年11月，光绪皇帝与慈禧太后相继去世，只有三岁的溥仪做了宣统皇帝，清政府已自顾不暇，浙江的革命力量也就有惊无险地保存下来。1908年12月，叶颂清回到浙江，担任浙江陆军小学提调。1909年，调任浙江炮工学校监学兼教官。

离力洋村二十里的胡陈村，古名梧岑，出过不少诗人。有一个叫鲍梦舟的，其家是书香门第。他的大女儿已经二十岁，还待字闺中。叶颂清的哥哥耐清得知这一消息，便禀告母亲，葛太夫人要叶耐清赶快去替叶颂清挽媒说亲（杨氏已去世）。胡陈鲍姓与力洋叶姓本来就有通家之谊，再说叶颂清又在杭州为官，媒人一说即合，婚事就定了下来。

但是，从北京回到杭州的叶颂清却不知道这回事。一天，叶颂清因有公务去萧山，穿着军装，骑着白马，英俊潇洒，更显得威风凛凛。叶颂清骑着马在萧山街上经过的时候，被萧山一家姚姓的姑娘看到了。姚姑娘二十一岁，上过学，读过书，属新型女子。姚姑娘对叶颂清一见钟情，冲破封建束缚，要她的哥哥去打听叶颂清有无家小。当她得知叶颂清还是单身汉时，便通过她哥哥与叶颂清见面，不久就举行了婚礼。

叶颂清的母亲、哥哥统统反对。可是，叶颂清与姚氏已经成婚，木已成舟，要拆散也不能，只好接受。但胡陈鲍氏是父母做主，明媒正娶，完婚之后，必须把鲍氏立为续娶正房，姚氏为偏房。母命难违，叶颂清一一照办。后来，鲍氏生下两子一女，姚氏生下六子一女，加上杨氏生一女，合为八子三女，都承受读书报国的父教，个个成材。这是后话。

1910年，叶颂清被任命为浙江陆军第84标管带（相当于营长），终于实现了带兵的愿望，驻防在宁波镇海。1911年春，叶颂清升任为第84标统带（相当于团长）。

军权在握，叶颂清把带去的家乡子弟、弁目军校学生、陆军小学学生安排到军中。这些人都有革命思想，叶颂清培养他们作为革命骨干使用。一面在军中组织"尚武分会"，吸收会员，积聚革命力量。这是叶颂清吸取"丁未起义"教训，以实力为后盾，争取决战决胜。与此同时，叶颂清与杭州革命党人密切联系，一有行动，立即响应。一面动员宁波新军协统刘恂、防军统领常荣清，争取得到他们对革命的支持。

1911年10月10日，武昌起义成功，浙江响应。11月4日，童保暄以临时都督名义在杭州起义，叶颂清与许耀等在宁波宣布起义，挥师北上。11月5日，杭州光复，活捉了清巡抚增韫，浙江革命很快取得成功。

叶颂清部与杭州革命部队会师后，正在欢欣鼓舞准备北上援苏（进入江苏攻打南京）的时候，叶颂清的母亲去世，家乡人来杭州报丧。这对一向以孝闻名的叶颂清来说，是一个晴天霹雳，是一个大打击，也是一次大考验。是告假回乡奔丧呢，还是照原定计划率部北上援苏？部下人、友军的人，都同情他的不幸，劝他节哀。尽管革命需要他领军，但谁也不想阻止他回乡奔母丧。

叶颂清当机立断，本着忠孝不能两全的古训，以国家大事为重，斩钉截铁地说：墨绖从戎。这一下博得全体革命军人欢呼拥护，士气大振。

南京光复，叶颂清回师浙江。同年10月2日，叶颂清升任为12旅旅长；10日，授陆军少将。民国二年（1913），授叶颂清勋五位中将衔。民国三年（1914）八月二日，任命为浙江陆军第6师师长；接着，晋升为陆军中将。

1915年12月12日，袁世凯打出"洪宪"年号，准备定在1916年元旦举行"登基大典"，正式做皇帝。同日，特封浙江都督朱瑞为侯爵。12月25日，云南都督唐继尧向全国发出通电，声讨袁世凯称帝，宣告云南独立，蔡锷率领一个军的兵力，从云南出发进兵四川，接着便是贵州、广西相继宣布独立。

1916年5月，童保暄、夏超等联合叶颂清部下陈肇英部，一起发动兵变，从凤山门和候潮门进攻，占领城隍山，炮轰都督府。朱瑞仓皇出走，先往上海，再到天津去。叶颂清兵权在握，对浙江局势而言举足轻重。

等到朱瑞出逃、死在天津，消息传来，浙江独立后形势十分复杂。叶颂清认为是自己急流勇退的时机到了，便提出辞去第6师师长职务，交出军权。他一面派人保护家眷离开杭州，一面将第6师移交给童保暄，凡是军中粮饷物资，笔笔交接清楚。

1918年8月，徐世昌就任大总统。他久闻浙江叶颂清是个正人君子，邀请他上京担任陆军部中将高级咨议官。这个官衔虽然是个空衔头，无实权，但正逢叶颂清想找个大城市定居，让儿子从小就可以接受良好教育。现在大总统要他到北京去做官，空衔头官有什么关系，培养下一代要紧。叶颂清想通了，在1918年冬携眷上京，到北京定居。

叶颂清接受了咨议官衔。徐世昌亲笔书写"慎厚之家"四字赠送叶颂清。后来，叶颂清在一次回家时，带着这张赠言，粘贴在《叶氏宗谱》上，留作纪念。

1925年，孙中山逝世于北京。叶颂清无意再留北京，辞去咨议官衔，带着一家人南归，回到杭州。

1926年，杭州被孙传芳占领。叶颂清再一次搬家，到上海居住。1927年3月，北伐军向上海进军，叶颂清便亲自把一家人送回到家乡力洋。

1927年秋，上海局势安定，叶颂清安顿好家属，再回上海。他不忍南洋中小学的莘莘学子失学，便主动出面，担起办学担子，奔走呼吁，得到不少热心人士的响应、支持。

叶颂清首先看准了宁波帮实业家、三北公司总经理、上海大佬、慈溪人虞洽卿。叶颂清在浙江当师长时，他们就熟悉。叶颂清邀请他担任董事长，虞洽卿二话没说，满口答应。叶颂清又聘请上海四行准备库协理钱新之担任副董事长，自己担任执行委员，再聘一些财界人士担任执行委员，取得财政上的支持和保障。办学筹备定当后，聘请学界名流沈同一为校长，正式成立南洋模范中小学，亦称南洋模范中学。

北伐成功，南京国民政府成立，孙科任立法院长。叶颂清经老友何遂的邀请，于1929年出任立法院军事委员会秘书；又经他的学生周亚卫的推荐，兼任了国民政府军事委员会铨叙厅中将高级参谋的挂名职位，这一职位可以不上班办公，月薪一百五十元。叶颂清本已无意为官，对于这次重返官场，他自嘲说："重出为小吏，乃为贫而仕，非吾志也！"随后，叶颂清被选为立法委员。

"九一八"事变后，何遂出任55军军长，赴东北抗日，聘叶颂清为军事顾问，留守南京。叶颂清在南京担任55军组织的驻军后援会主任，负责筹募经费和枪械，支援在辽、吉、黑前线作战的抗日部队。

民族危机激起叶颂清的义愤。他为抗日事业奔波，心力交瘁，致使他在1932年生了一场大病，亲笔写下了遗嘱，对自己的后事，对子女的要求，都一一做了安排。其中，教诲子女的话有："须努力上进，以学习为第二生命。""须自食其力，不可依赖上人。""务须余志，努力读书报国，报国必读书，唯读书始能报国。"

1936年6月1日，叶颂清正在立法院办公，忽然又听到对日主战与主和两派的激烈争辩，吵得越来越厉害。国难当头，不一致对外，还在内斗，叶颂清忍无可忍，一时义愤填膺，拍案而起，准备狠批那些求和的投降派，不料过于激动，血往上冲，猝然倒在立法院的办公室中，失去知觉。叶颂清经抢救无效，急中风而亡，享年五十八岁（虚龄）。

爱国一生，壮志未酬，确实令人悲痛。1990年12月，宁海县人民政府批准在力洋水库西首虎头山上建立叶颂清陵墓。当时的浙江省政协主席王家扬亲书"辛亥革命志士叶颂清"九个大字的墓碑和叶颂清墓志，由其子女主持，叶颂清衣冠冢落成。诗云：当年投笔效从戎，辛亥重光剑气雄。壮志未酬歼敌愿，虎头山上夕阳红。

2. 铁肩担道义——叶沛婴教授

叶沛婴，原名显邦，宁海力洋人，1904年出生，1986年逝世，享年八十三岁。系中国民主同盟盟员，宁海籍早期大学教授，为宁海中学的创建和教育事业做出过重要贡献。

维护宁中　掩护同志

叶沛婴出身叶梦鼎后裔望族，七岁受宿儒启蒙，十五岁入宁海正学小学，与潘天寿同窗。十七岁赴上海，先后就读于浦东中学和南洋路矿学校，二十岁毕业，二十一岁考入上海大同大学文科。在大同大学结识了宁海同乡、地下党员林淡秋、蒋如琮等同学，深受进步思想影响。时逢"五卅惨案"，叶沛婴深痛国家贫弱受欺，立志读书救国。

1926年秋，林淡秋、蒋如琮等大同学生回乡创办宁海中学，积极宣传和从事革命活动，宁中被当局查封，被迫迁往南乡海游（今属台州三门县）。林、蒋等因面目太"红"，不能再出头露面，遂邀叶沛婴前往海游支撑学校危局。当时，叶沛婴因父丧休学在家，却立即应邀而去。他在回忆札记中写道："我与林淡秋、蒋如琮都是大同大学同学，又是同乡，情同手足。他们要我去维持宁中，我是义不容辞的。"

1927年初，国民革命军进入浙江，形势好转，宁中从海游搬回县城。柔石时任宁海县教育局局长，兼在宁中教课，叶沛婴负责管理后勤，两人一见如故，后来成为莫逆之交。柔石想建造宁中校舍，苦无资金。叶沛婴立即着手成立"宁海中学新校舍建筑募捐委员会"，并自担主席重任，协助柔石建校。在募捐建校的分工中，叶沛婴负责东乡一线。他赶赴东乡，起早摸黑，跋山涉水，仿效武训，募来两千多银圆。

是年三月，党派叶沛婴参加统一战线的国民党活动，担任国民党宁海县委常委，并让他出席浙江省工人代表大会。这样，叶沛婴以党外人士身份参加党派遣的活动，可以不受人注目。

"四一二"政变后,白色恐怖笼罩了宁海这座山城,叶沛婴凭着国民党宁海县常委身份掩护了大批同志脱险。其中,就有当时被通缉的中共宁海县委领导邬逸民同志。叶沛婴从内部得知消息,深夜前往通知,使邬未遭毒手。直到1928年5月,"亭旁暴动"(亭旁,今属台州三门县)失败,宁中被再度解散。这期间,叶沛婴仍凭着国民党宁海县常委的特殊身份,掩护大批革命师生脱险。

叶沛婴多次掩护革命同志的行动引起了国民党政府的怀疑。当时,柔石还不是共产党员,也被列入黑名单。两人的处境十分危险,于是商定共同出走。当时,乡下尚平安,叶沛婴先回力洋老家。1928年5月23日,柔石秘密来到了力洋叶沛婴家,经过商量,决定同去上海。两天后,即5月25日,两位患难之交到象山石浦搭乘小火轮前往上海,结束了在宁海一段如火如荼的革命斗争生活。

乡谊友谊　不计安危

叶沛婴和柔石在上海的法租界合租了一间亭子间,同吃同住。柔石矢志文艺,以求唤起民众;叶沛婴不改初衷,志在读书救国。这年8月,叶沛婴考取了南京国立中央大学法学院经济系;9月,告别柔石,赴南京读书。1929年暑期,叶沛婴来上海看望柔石,时柔石已迁至鲁迅旧居景云里23号。不料,此次会面竟成永诀。1931年2月7日,柔石遇难。消息传来,叶沛婴痛不欲生。直到他晚年,每每谈及,仍不免老泪纵横。可见其友谊之深。

在南京国立中央大学读书期间,叶沛婴敦厚朴实的人品与好学不倦的精神深得他的老师马寅初、叶元龙、赵连芳诸教授的赏识,而成为他们的得意门生。后来,叶沛婴常说:"我对经济学的酷爱主要是受了马老的教诲。他每次讲课都使我受到启发。"1932年,叶沛婴在南京国立中央大学毕业。从毕业后那段工作历程看,他都是在老师手下工作的。同年,叶元龙任安徽教育厅厅长,他受邀负责主编《安徽教育》。嗣后,他或随叶元龙,或随赵连芳,辗转南京、贵州、重庆、西安等地,在师长手下主管教育经费审计或办理地方财政,直到1938年11月再度入川为止。

更值得一提的是,1934年叶沛婴在南京农业处工作时,中共宁海地下党组织领导人范金镳、方惠文夫妻俩潜来南京见他,要求叶沛婴帮他俩筹措赴苏联经费。就在这个国民党统治中心的南京,叶沛婴甘冒巨大风险,慨然允诺,为共产党人筹措经费，使范金镳夫妻赴苏联得以成行，一片赤诚确实难能可贵。

敬师爱生　扶危济困

1938年11月，叶元龙任重庆大学校长，聘叶沛婴为会计系主任，聘马寅初为商学院院长，马寅初又聘叶沛婴兼任商学院会计系教授。

不少重庆大学学生深受其惠，念念不忘其德，都说："叶教授是好人，是忠厚长者，是富有正义感的知识分子。"

1940年冬，马寅初被捕。到1942年秋释放这段时日，叶沛婴怀着对马老无比崇敬的心情和深厚的感情，对反动当局的暴行无比愤慨，不计个人安危，一面积极参加营救马寅初的后援工作，为马老"祝寿运动"造声势，一面主动挑起照料马家的担子，经常去看望马夫人王仲贞。据叶沛婴夫人宋淑春回忆："1940年，我生大儿子尉南（今商业部高级工程师）。当时，日机整天疲劳轰炸，我家搬到重庆乡下，孩子未满月，我患上奶结，乡下又缺医少药，只是干着急。马老知道了，要我和孩子住到他的住家歌乐山那里去，既安全一些，他邻居还住有一位妇产科医师，可以请她为我治病。于是，我和孩子住到马家，吃、医都在马家，直至治愈。真是患难见真情，我永远都忘不了！"

1986年，叶沛婴逝世后，重庆大学上海校友会全体校友合送一副挽联，联云：扶危济困应援马老敢犯险难张正义，春风化雨乐育后进如今永恸失良师。

宦海沉浮　找到归宿

抗日战争胜利，叶沛婴与广大知识分子一样，满以为振兴中华可期而欲一展抱负，可是不久内战爆发，胜利的欢悦、美好的前景仅是昙花一现。1947年秋，他辞去了重庆大学教职，一肩行李，两袖清风，回到了阔别二十年的故乡力洋。

1947年，叶元龙出任安徽善后救济分署署长，电邀叶沛婴担任他的主任秘书。同年11月，叶沛婴去安徽赴任，重操旧业。1949年10月，叶沛婴回到了当年求学的上海；11月，应母校上海大同大学之聘，任会计系教授，兼任震旦大学会计系教授。1952年，上海高等院校院系调整后，专任上海财政经济学院教授。

至此，叶沛婴才算找到了归宿，当年读书救国、振兴中华的抱负才有真正实现之机了。

然而好景不长,"文革"一开始,叶沛婴成了阶下囚。1972年,叶沛婴得以从"五七"干校"改造"回来。1986年10月12日中午12时25分,这位教育界敬业一生的忠厚长者在上海与世长辞了。

上海教育界的《叶沛婴同志悼词》如此评价他:"叶沛婴同志热爱党,热爱社会主义,一贯关心国家大事,衷心拥护三中全会以来的方针政策。叶沛婴同志作风正派,谦虚谨慎,有温顺、善良、恭敬、俭朴的道德修养,有我国传统知识分子的优良风度。叶沛婴教授的逝世,是我们学术界的一个损失,因而引起人们对他的无限怀念是理所当然的。"

3. 翻译家叶水夫

叶水夫,男,1920年4月出生,原名叶源朝,笔名水夫,力洋人。自幼在上海求学,1939年在上海麦伦中学毕业,考入上海沪江大学,1942年辍学。由于在中学时接触到进步思想并向往苏联,从1938年起课余在华俄夜校学习俄文。

1942年起,开始俄文翻译工作,先是为主要报道苏德战争及世界反法西斯战争的《时代》周刊译稿,后于1943年初进入时代出版社,担任《时代》周刊和《苏联文艺》月刊翻译和编辑。1945年抗战胜利后,担任新创办的《时代日报》编辑和副刊主编。1948年该报被封后,回图书编辑部工作。1949年中华人民共和国成立后,任时代出版社副总编辑兼上海编辑部主任。1956年,调北京中国科学院文学研究所,被评为副研究员,任苏联东欧文学研究室副主任、《现代文艺理论译丛》主编。其间,曾参加过第二、三、四届文代会及文联主席团扩大会议。1964年,外国文学研究所成立,任苏联文学研究所副所长、学术委员会副主任,被评为研究员。1982年,任研究所所长兼《世界文学》主编。1985年,改任研究所顾问兼学术委员会主任。1988年,离休。曾先后任北京大学、南京大学、南京师范大学、杭州大学等校兼职教授。

他所参加的社会学术文化活动较多。1978年起,任中国外国文学学会副会长;1979年起,任中国苏联文学研究会(现改名中国俄罗斯文学研究会)会长;1982年起,任中国翻译工作者协会副会长、代会长、会长;1985年起,任中国比较文学学会副会长、名誉会长;1984年起,任中苏友好协会(现改名中俄友好协会)及中国人民对外友好协会理事。曾担任国务院学位委员会第一、二届外国文学评议组成员,全国哲学社会科学领导小组外国文学评审组第一届组长及第二、三届成员,《马克思主义文艺理论丛书》《外国古典文艺理论丛书》《外国文学名著丛书》编委会常务召集人,《中国大百科全书·外国文学卷》编委会常务副主编,《世界反法西斯文学书系》编委会副总主编。

数十年来,他一直致力于俄苏文学的介绍与研究,在中苏文化交流上做出了贡献。为此,1987年被苏联莫斯科大学授予名誉博士学位。曾多次对苏联、日本、民主德国、联邦德国、匈牙利、荷兰进行学术访问,1990年在南斯拉夫当选为国际译联理事。

他的主要研究领域包括关于果戈理、屠格涅夫、乌斯宾斯基、托尔斯泰、契诃夫、高尔基、绥拉菲莫维奇、法捷耶夫、费定、戈尔巴托夫的研究,关于20世纪20年代至80年代各个时期的苏联文学的研究,关于"五四"以来各个时期外国文学在中国的传播与影响,关于国内外文学翻译与研究的现状。近年,出版有由他主编并参加写作的三卷本《苏联文学史》。

他的主要译作有:普希金《驿站长》、乌斯宾斯基《遗失街风习》、皮萨列夫《现实主义者》、高尔基《早期作品集》、法捷耶夫《青年近卫军》、柯涅楚克《赴苏使命》、戈尔巴托夫《不屈的人们》、葛罗斯曼《生命》、田德里亚柯夫《伊凡·楚普罗夫的堕落》、季莫菲耶夫《苏联文学史》等。

4. 抗日功臣叶漆

读书报国

叶漆,生于民国六年丁巳五月十五日,即公元1917年7月3日,系辛亥革命志士陆军中将叶颂清第四子。祖籍宁海县力洋村,幼时居北京,其父以京都的"都"取名,故幼名显都,"显"是行第。当他立志报考马尾海军学校时,父亲给他改名叶漆。漆是水波貌,父亲期望儿子为国水上扬威。入英国籍后,取英文名 Hugh Yeh。

叶漆父叶颂清于1929年出任国民政府立法院军事委员会秘书,随后被选为立法委员,眷属亦居南京。叶漆时年十二岁,随父母一起居住,就读于南京。

1931年"九一八"事变发生,日军侵占了东三省,叶颂清旧时战友何遂出任55军军长,赴东北抗日,聘叶颂清为军事顾问,留守南京。叶颂清在南京担任 55 军组织的驻军后援会主任，负责筹募经费和枪械，支援抗日部队。民族危机激起叶颂清义愤，他为抗日救国日夜操劳，心力交瘁，曾于 1932 年患了一场大病，病中立遗嘱教诲子女的话有"须自食其力，不可依赖上人""务须余志，努力读书报国，报国必读书，唯读书始能报国"等。时叶漆十五岁，尚在初中求学，便暗下决心，遵父训、继父志、读书报国。

病后，叶颂清于 1935 年又将遗嘱修改了一次。时叶漆十八岁，已考入马尾海军学校读书。叶颂清不无慰藉，在遗嘱中特别提到"漆儿学海军，可能去欧美留学深造"，期盼儿子能为国家海军强军出力。叶漆正是叶颂清八子三女中唯一从军的一个。

将门之子

1936 年，日本侵略的魔爪已由东北伸进华北，中华民族处在危急存亡之秋，在南京，国民政府内部出现了主战与主和（投降）两派，不时发生公开的口舌斗争。这年 6 月 1 日，叶颂清正在立法院军委会办公，忽然又听见室外在争吵，一听，竟然又是对日主战与主和两派在激烈争辩。国难当头，不思一致对外御敌，还在不停内斗，叶颂清忍无可忍，一时义愤填膺，拍案而起，准备严词斥责那所谓主和的投降派，不料过于激动，血往上冲，猝然倒在办公室中，失去知觉，抢救无效，急中风死亡。

父亲为抗日而死，死得悲壮，更加坚定了在马尾海军学校读书的叶漆的强军雄心。叶漆时年十九岁，青春年少，血气方刚，眼见日本侵略中国，步步进逼，国难家仇激起了他对日本侵略者的无比仇恨。他知道，只有在军校读好书、学好军事知识，才能报国、救国，于是他主动投入军事项目中最艰苦、难度最大的训练，钻研军事技术上的真功夫，特别是布水雷功夫。叶漆不愧为将门之子，他时刻准备着奔赴抗日前线，报效国家，不负父之所望。

击沉日舰

1937 年，七七事变发生，抗日战争全面爆发。1939 年，叶漆在马尾海军学校毕业，入海军服役，待命抗日。

1941 年，太平洋战争爆发，日军为牵制中国军队南下，集中了十二万兵力，发动长沙战役。是年 12 月 24 日，日军强渡新墙河，向南攻击。时叶漆已被任命为海军布雷队副队长，长沙保卫战由他负责布水雷封锁湘江。

叶漆膺此重任，发誓要炸沉日舰，一消积久的国恨。他凭着军校所学，精心设计，巧妙伪装，在湘江布下水雷1200多枚，断绝敌舰逃生之路。日舰狂妄地闯进湘江，结果军舰"西美丸"号及扫雷艇、小炮艇多艘被击沉了，一败涂地。一时，我军军威大振，有力地支援了长沙保卫战。

长沙保卫战历时二十多天，以日军死伤5.6万余人的惨败撤退而告结束。叶漆布雷杀敌有功，荣获国家最高"干城"勋章。干城者，干为盾，城为郭，都是捍卫物，喻捍卫者或御敌立功的将领，军事上属高级荣誉。时年仅二十四岁的叶漆获此荣誉，亦属罕有，一时传为美谈。

参加欧战

叶颂清在遗嘱中曾期望叶漆能赴欧美深造，叶漆铭记在心。在湘江布水雷击日舰获得军功后，叶漆受到上级重视，取得留英资格，入英国皇家海军学院深造。1944年毕业后，被编入当时英国35000吨位最大战列舰"乔治五世"号服役，开赴前线，参加欧战，被授予海军少校军衔。

叶漆，是宁海人中亲身经历世界反法西斯战争的第一人，是宁海的光荣。

学术成就

1945年，第二次世界大战结束，叶漆深觉战后世界最需要的就是科技人员。中国科技落后，吃了不少亏，要振兴中华，更需要科技人才。他便脱下军装，考取了英国伦敦大学，读机械工程博士。1948年，取得伦敦大学博士学位，受聘于英国奇异司公司，以后累升为该公司机械研究院震动音响部部长兼总工程师。

叶漆在科技领域中不断实践，不断创新，写出了允许发表的科技论文三百多篇。其中，《地震时原子能电源结构设计试验》一文被选入英国《KENP工程年鉴》，其学术成就不同凡响。

海外赤子

叶漆幼遵父训，读书报国，长入海军，抗日立功，留学英伦，参加欧战，再读博士，从事科研，一步一个脚印前进，无一不含报效祖国之志。惜乎在其取得留英博士学位之日，正逢国内战争激烈之时，徒负所学，滞留海外。在英国，历经十余年他还是一个中国侨民。作为在英国著名的奇异司公司任高管兼工程师的人士，于1961年方始申请入英国籍，可谓少见，盖其心中有个祖国。

1954年，叶漆已三十七岁，尚是一个单身汉。也可说天缘巧合，一位比叶漆小十岁的女士鲍林，出现了，叶漆这才有了妻室。夫妻俩育有一子三女，子女们既有英文名，也有中文名。儿子的中文名叶瑛，长女中文名叶泉瑛，次女叶丽安，三女叶乐珊。从其对子女的命名来看，叶漆虽身居海外，仍不忘故国，还深记叶姓家族，赤子之心可昭天日。

20世纪80年代，中国实行改革开放政策，国际交往频繁起来。1982年4月，应我国第一机械工业部的邀请，叶漆返国讲学来了。他在清华大学、北方交通大学（今北京交通大学）、上海交通大学讲学整整一年，倾己之所长，传授于莘莘学子。翌年4月，才返回英伦，足见其海外赤子之心和对祖国故土之恋了。

叶颂清有八子三女，除长子叶梧和第四子叶漆，前者入美籍，后者入英籍外，其余六子三女都在国内，皆受过高等教育，皆以自身专业为国效劳。叶漆有个兄长叶杭，在北京工作。叶杭出生于1913年，出生地杭州，故名杭，上海交通大学土木工程系和电机系两系毕业生，中共党员，时任北方交通大学教授、电信系主任及铁道部技术顾问。叶漆赴京讲学，数十年天各一方的兄弟相逢，亦极尽人伦之乐矣！

叶漆的次女叶丽安，英文名罗丝·玛丽，在叶漆去世后，通过其在杭州的伯父女儿叶珊联系上力洋叶氏家族长辈，寄来她父亲的英国墓照，另一张寄给宁海档案馆，说是她父亲生前常怀故土，以墓照代替魂归故里。贤哉，罗丝·玛丽！一位不知祖国故土是何模样的异国女子能为其父做此郑重表达，确实难得。海外赤子，叶漆之后！

5. 辛亥革命志士叶衍桐、叶临春、叶裳

叶衍桐（1883—1941），原名熙翼，字缉夫，一字积孚。清光绪九年（1883）五月出生于宁海县力洋村下份叶家。父定评，字春巢，郡庠生，中医名医。

衍桐幼承父教，熟读诗书；年长愤清廷丧权辱国，随堂兄叶颂清从戎，入浙江弁目军校学习，毕业后，参加辛亥革命，立过战功。民国三年（1914）以

中尉军衔升军士教导团连附，五年（1916）升浙江步兵第一团十一连上尉连长，七年（1918）升第三团少校副官。军旅半生，清风两袖。归田后，秉承耕读传家祖训。晚年曾一度为家乡子弟讲学，一时求学者盈门。其时叶颂清亦家居，特撰一联赠予叶衍桐。联云：当年投笔从戎，无限壮心为志士；今日下帷讲学，依然本色是书生。

民国三十年（1941）八月，叶衍桐卒于家中。

叶临春（1889—1944），原名定识，清光绪十五年（1889）二月出生于宁海县力洋村上园叶家。父成霞，郡庠生。他出生于书香之家，毕业于浙江弁目军校，参加过秋瑾光复会、孙中山同盟会、辛亥革命，立过军功，累升至上尉陆军连长，总计立功三次，立大功一次。

抗日战争时期，叶临春在贵州任测量工作。据其力洋家属得自中国台湾国民党史料信息，叶临春在贵州任职时，因抗日需要，国民党进军缅甸，为打通滇缅路，他被派往缅甸测量线路，受瘴气犯病，因公殉职。中国台湾国民党史料有详细事迹记载，其属抗日功臣。

叶临春之子叶兴华尚珍藏其父铜质"光复会章"一枚，另一枚"同盟会章"遗失。

叶裳（1892—?），字开先，号耿夫，清光绪十八年（1892）十月出生于宁海县力洋村下份叶家。父定论，邑庠生。叶裳出生于书香之家，幼读诗书，少年从军。他先是考进浙江陆军小学校，再就读湖北陆军第二预备学校，然后考取北京陆军军官学校深造。在军校辎重科毕业后，叶裳回浙江任陆军辎重兵少尉军官，不久晋升为浙江陆军辎重第一营二连连附尉官。到了抗日战争爆发时，叶裳已任79师少将副师长，驻节杭州。日军侵入浙江，叶裳率部抗日，几度受创而决不后退，坚持抗敌。在一次次与日军战斗中，部队伤亡惨重。因部队减员，他被调任陆军中将参议闲职。叶裳自此失去兵权，空怀抗日救国雄心，闲居于浙西。抗战胜利后，他返居杭州太庙巷老宅，为官时两袖清风，居杭州生活十分清苦。卒年不详。

6. 冯 冰

冯冰是我的胞兄，小名立臣，祖居力洋。

我父名万翁,字绍箕,是清末的秀才。民国时期,曾任宁海县议员,热心教育事业,倡议并利用古渡紫霞庵创办文正书院,培育人才。家兄在父亲的亲自教育下,对诗词等旧学打下了较好的基础,在宁海西门高小毕业后,就进宁海中学读书,那年他十七岁。

家兄在宁中求学时是一个德才兼备的优秀生,甚得老师们器重,在几位教师的教育影响下改变了曾受父亲影响的守旧思想,走向进步。宁海党组织培养先进学生、知识分子和工农大众,他被吸收入党,同他一起先后入党的有西吴的叶燕翼、溪南的范圣中等。

范金镰去苏联,家兄同茶院王洪元也被派往苏联学习。他曾告知我地址是莫斯科中国中央俱乐部。后来,王洪元客死异国。家兄被改派到江西李立三处,立三路线失败后,又调广东叶剑英部下任营党代表。在汕头一次战役中他负伤,避卧在甘蔗田里,偶遇同去的蒋益谦,在蒋的护助下,历尽艰难,乞讨回家。

家兄结婚时,赵平复先生曾送来一副对联:恋爱毋妨革命,结婚勿碍读书。上款:冯冰同学结婚志喜。下款:赵平复敬贺。这短短的十二字对联,充分体现了老一辈革命知识分子对年轻一代的期望和鞭策。

家兄曾召集力洋各村农民和手工业者到我家楼上开会,我在大门外守望。后因形势恶化,各处地下工作者纷纷来我家避居,少则十天半月,多则几个月。家母均以酒肉饭食招待,并赠送衣被和路费。赵平复先生被迫出走时来到我家,夜间由我兄弟二人送到海头埠,坐夜航船去石浦转上海。

亭旁起义失败后,宁海形势急转直下,宁海警察常来我家"闷早窑"捉人,家母除酒肉饭食招待他们外,还要给钱消灾,一日数惊,苦不堪言。很多人已无法在宁海立足,纷纷出走。如叶燕翼去了南洋,定居马来西亚。家兄去上海找赵平复先生。到上海后,组织安排他化名到应怀宗(宁海山头应人)任营长的宪兵营当宪兵。不久,上海各报刊登大文豪鲁迅被捕的消息。接着,各大、中学校学生集会上街游行,高呼口号,要求释放鲁迅。家兄激于义愤,忘却自己的身份,也参加游行,并登高处演讲。事后被人检举,被应怀宗叫去训斥一顿,并责令其即日离开上海。这段时间就是柔石先生遇难前后,家兄回家后,曾向我谈及赵先生被捕经过。我在宁海读书时,满头白发的赵父和他的大儿子平西先生常来我处打听消息。因家兄一再叮咛,我不敢以实情相告。

家兄从上海回家后,由于肺病引起吐血,身体已大不如前,加上生活困难,意志也消沉了。人虽落魄，但他的才华在宁海尚有名气，间或有人来请他去小学教书。为老母和妻女的生活计，他只好带病去教书，苦度光阴。偶尔，亦有人请他陪客。如宁海法院院长张水调任时，宁海的几个挂牌大律师陈必封、徐超等人设宴欢送。他们虽然都是政法毕业的学生，对诗词却不甚精通，为此特邀家兄同去。因徐超系我堂姊之子，甥请舅，不得不去。席间，家兄代表众律师赋诗数首，记得一首是：清官留不住，归去马如飞。前路春光好，花香扑锦衣。

家兄一直在贫病交迫中拖延生命。1944年5月，他去世了，年仅三十六岁。

据《宁海党史资料》记载，由宁海去参加南昌起义的有蒋如琮、蒋如川和宁海中学冯冰，还有原在宁海工作的蒋益谦。现在，宁海岔路山洋革命根据地纪念馆还挂有蒋如川和冯冰等人的照片。

（摘录自《宁海党史资料》1992年第二期，作者冯立松，有删改）

7. 冯守廉

冯守廉（1930—1966），出生于宁海县力洋村，原名冯全清，后以冯守廉行世。我们家几代目不识丁，他很想读书，父母亲托人跟读叶家私塾。读书期间，他好学不倦，发愤图强，最终以优异的成绩考取宁海中学。地主的孩子坐轿进宁海县城，我哥由于家里条件拮据，由小叔步行送他上宁海城里。

1947年左右，他结识了进步同学，参加了地下共产党，有东路人赵礼贤（茶院乡杜岙村人）、王家科（茶院村人，改名王竹天）。在那时，我哥改名冯守廉。组织上指派他们三人在东路（力洋、长街）开展党的地下工作。从此，我家成了他们三人的落脚点。我家当时位于力洋村外围，进出方便，不易被他人发现。随着中国革命形势的大好转，在浙江的蒋介石反动派末日即将到来之际，共产党由地下转为公开。力洋村桥头公布东区领导成员名单：赵礼贤为东区党委书记，冯守廉为副区长，王竹天为成员。公布当日，旧势力把矛头对准了我家，把我父亲抓去用老虎凳严刑拷打，逼迫父亲交出儿子。后来，他们放了父亲作为诱饵。地下交通员通知我们到百丈塘以割稻为名，转移到共产党活动区，父亲为他们修补衣服和鞋子，做起了后勤服务工作。

新中国成立后，冯守廉被任命为宁海县城关镇党委书记，成为第一届县委三十几位成员中的一员。1952年，又被任命为北区（梅林、西店、深甽、桥头胡）

区委书记。宁海县办《宁海报》后,为社长、主编。后又调到《台州大众》报,任主编。台州撤并到温州,又调到《浙江日报》任农村版主编。继而,入杭州大学读书三年。1963年台州地区恢复,调《台州大众》报任主编。1966年"文化大革命"中被批为资产阶级当权派,年底逝世,享年三十六岁。"四人帮"被打倒后,台州地委开追悼会,他才得以平反。

我哥一直教导我们家人,共产党是为人民谋幸福、谋利益的政党,不管碰到什么事,都不能向党、向政府伸手。父亲按照哥说的话做,出了天大事,也从不吭声。

我的哥哥是忠诚、守信、清廉的党的好干部;我的父亲是老实、忠厚、勤劳为他人分忧的人;我的母亲是位慈母,平易近人、勤俭朴素、热心待人,坚信儿子干的是大事。

(上文作者冯全源,有删改)

8. 冯石萍

冯石萍,原名冯立兴,1927年11月出生,宁海县力洋人。童年时,上过私塾,后因家庭贫困辍学。青少年时,曾在本村务农及在县城糕团店做过学徒,目睹了旧社会老百姓吃不饱、穿不暖的穷苦生活。同时,受中共宁海地下党进步思想的影响,对当时国民党政府的黑暗统治逐步有了觉悟和认识,并积极投身革命。1948年12月,经赵礼贤、童焕等人介绍,参加了中国共产党组织。1949年2月,参加当地的地下游击队"鲁迅"部队,在消灭力洋地主武装和攻打毛屿"四份头"地主武装后,于5月跟随赵礼贤编入浙东二纵四支队一大队三中队。

冯石萍自参加革命后,一直在部队工作,直至离休。参军后,先后担任过浙东游击纵队的战士、排长和副连长。新中国成立前夕,随部队在浙东四明山一带活动,参加多次战役。尤其是1949年舟山解放前夕,为阻击败退舟山的国民党先遣部队,浙东纵队四明山支队受命在国民党军队撤退的路线设伏阻击,战斗空前惨烈,支队受到国民党部队的拼死抵抗。当时,他任排长。战斗胜利后,整个排伤亡惨重。新中国成立初,作为军代表参加地方土改工作。土改结束后,调往浙江省军区兵役局任参谋。后调任宁波军分区、台州军分区。20世纪60

年代转任地方人武部,先后担任江山县、开化县人武部政工科科长、副政委等职。"文革"期间,任浙江省军区武装工作队(简称省武工队)指导员。后调往浙江省军区生产建设兵团二师八团,先后担任营教导员、团后勤处处长。70年代末兵团撤销实行全军大调防,调任安徽省军区阜阳军分区政治部政工科科长。1984年,从正团职岗位离休。现住浙江省杭州市军队离退休干休所。

(上文作者为冯石萍儿子冯永巍)

9.力洋武工队

1949年2月11日,由共产党员赵礼贤根据"山洋会议"精神,贯彻中央"普遍发动、全面点火"的方针,组织赵加凑、赵浩田、王作兴、杨贻仁、赵世利、叶勇亦、叶岳标等十三人在杜岙村圣人殿集合,正式宣布成立游击队"鲁迅"部队,以赵礼贤为队长、冯宗青为副队长。为扩大在新区的影响,号称"大队",又称"陈部"(赵礼贤化名陈君,以陈姓称部)。

"陈部"成立后,先后到道士桥、茶堂等地缴了地主的枪支,在茶院、力洋等地摧毁柘浦乡和儒雅乡乡公所。其间,"陈部"组织纪律严明,得到广大农民群众的支持,队伍不断扩大。3月初,缴了大地主叶文的枪支和弹药。自此,武工队驻防地点由茶院紫山头、西林转移到力洋村。

3月下旬的一天,杨民奎同志带着宁海县工委的决定,宣布成立宁海力洋区工委会,指定赵礼贤、冯守廉、王家科三人组成区委会,赵任书记;宣布成立宁海县力洋区人民政府,冯守廉为副区长。这是宁海县第二块根据地,也是宁海县第二个区一级人民政府。

4月初,"陈部"与国民党交警部队在力洋岭激战后,根据"敌进我退"的原则,决定由冯守廉、王家科带领武工队员二十来人坚持原地斗争,大部队一百多人由赵礼贤带领撤退到三门游击区。后经台工委决定,把"鲁迅"部队改编为浙东二纵四支队一大队三中队,并于5月与兄弟部队一起在天台县城迎接南下的解放军。

图片档案

—— 村落面貌

—— 历史见证

—— 物质文化遗产

—— 非物质文化遗产

—— 民俗生活

—— 生产方式

—— 人　物

—— 现　状

中国传统村落立档调查（图片）归档表

村落名称：力洋村

所属省市乡（镇）：浙江省宁波市宁海县力洋镇

拍摄者：陈渭金

拍摄时间：2016年6月—2017年12月

分类	分类号	图片编号	说明	备注
A 村落面貌	A-1 村落全貌	A-1-1	力洋村全景	—
		A-1-2	一条沥水溪自北向南穿村而过	—
		A-1-3	环城西路北段	—
		A-1-4	村东山林植被茂盛	—
		A-1-5	村廿里塘、大塘农田景色	—
	A-2 村落与 自然关系	A-2-1	茶山	—
		A-2-2	茶山天湖一角	—
		A-2-3	紫芳潭水圳	—
		A-2-4	力洋水库	—
		A-2-5	山横大桥	—
		A-2-6	沥水溪	—
		A-2-7	东斜山白鹭栖息地	—
		A-2-8	磨注峰下群山碧翠	—
		A-2-9	溪上新桥	—
		A-2-10	五额景观	—
	A-3 主要街巷	A-3-1	力洋老街西街老房子	—
		A-3-2	老街商铺	—

续表

分类	分类号	图片编号	说明	备注
A 村落面貌	A-3 主要街巷	A-3-3	老街上街头	—
		A-3-4	连科宅南墙	—
		A-3-5	西园外墙巷	—
		A-3-6	胡家后石墙	—
		A-3-7	王家石门	—
		A-3-8	秦家巷一角	—
		A-3-9	老街东门口	—
		A-3-10	应家石子道地	—
		A-3-11	县府大楼后炮楼	—
		A-3-12	县前巷下新屋大门口	—
	A-4 重要公共空间	A-4-1	前门山山顶前广场	—
		A-4-2	前门山山顶后广场	—
		A-4-3	凤山活动场，篮球、门球训练场地	—
		A-4-4	山横自然村活动场	—
		A-4-5	力洋镇小学运动场	—
	A-5 自然特色	A-5-1	茶叶山一角	—
		A-5-2	黄牛群	—
		A-5-3	前门山公园	—
		A-5-4	黄泥洼家庭农场大门口	—
		A-5-5	状如骆驼或武士的茶山天然石墙	—
		A-5-6	奇特的羊祜殿岩门	—
		A-5-7	倚岩（又称石笋岩）	—
		A-5-8	东滴水双并瀑布	—
		A-5-9	喜鹊潭下白水盈流	—
		A-5-10	力洋水库山水相连	—
		A-5-11	中潭双接瀑布	—
		A-5-12	山洞景观	—

续 表

分类	分类号	图片编号	说明	备注
B 历史见证	B-1 村落 历史见证	B-1-1	界石,冯氏宗祠建筑己墙,民国初年立于冯氏宗祠	—
		B-1-2	重修复兴庵碑记等共3块,清嘉庆六年（1801）立	—
		B-1-3	凤山禅院"雨淋佛",清光绪三十二年（1906）立	—
		B-1-4	老区樟树,树龄190年（2014）	—
		B-1-5	老区柏树,树龄230年（2014）	—
		B-1-6	老区木犀树,树龄130年（2014）	—
		B-1-7	老区罗汉松,树龄240年（2014）	—
		B-1-8	凤山庵樟树,树龄160年（2014）	—
		B-1-9	叶摩飞墓碑书法"源远流长"	—
		B-1-10	凤山禅院石碑,民国三年（1914）立	—
		B-1-11	刻有"台州府贡元叶冠唐"的光绪辛丑（1901）旗杆夹双龙石刻	—
		B-1-12	刻有喜鹊登梅加麒麟的光绪十三年（1887）石刻旗杆夹	—
		B-1-13	明朝防倭寇入侵烽火台	—
		B-1-14	胡直夫书法作品1	—
		B-1-15	胡直夫书法作品2	—
	B-2 家族 历史见证	B-2-1	叶氏宗谱1	—
		B-2-2	叶氏宗谱2	—
		B-2-3	叶梦鼎像	—
		B-2-4	叶温裕像	—
		B-2-5	冯氏宗谱1	—
		B-2-6	冯氏宗谱2	—
		B-2-7	冯氏宗谱3	—
		B-2-8	冯氏先祖按之公（右）和容齐公	—
		B-2-9	胡氏宗谱1	—

续表

分类	分类号	图片编号	说明	备注
B 历史见证	B-2 家族历史见证	B-2-10	胡氏宗谱 2	—
		B-2-11	叶柱夫妇结婚照	—
		B-2-12	叶柱与罗杨合影	—
	B-3 其他有年款的遗存	B-3-1	孙大奎立"贡元"匾	—
		B-3-2	力洋岭复兴庵对联，上联：金柳惠风施厚德，清嘉庆八年（1803）立	—
		B-3-3	力洋岭复兴庵对联，下联：玉瓶甘露济群生，清嘉庆八年（1803）立	—
C 物质文化遗产	C-1 公共遗产	C-1-1	白鹤庙（仁济禅寺）大雄宝殿	—
		C-1-2	集庆禅院（力洋庵）大门	—
		C-1-3	圆通寺宝殿	—
		C-1-4	辛亥革命志士叶颂清墓，墓碑和墓志铭为时任浙江省政协主席王家杨书	—
		C-1-5	复兴庵	—
		C-1-6	上园水井	—
		C-1-7	应家水井	—
		C-1-8	上街头水井	—
	C-2 民居建筑	C-2-1-1	孙家古宅全景	—
		C-2-1-2	孙家中堂	—
		C-2-1-3	孙家中堂左廊柱狮雕	—
		C-2-1-4	孙家木窗	—
		C-2-1-5	孙家中堂右廊柱狮雕	—
		C-2-2	应家石子道地	—
		C-2-3-1	石明堂胡家大门	—
		C-2-3-2	石明堂中堂	—
		C-2-3-3	石明堂屋顶钢叉	—
		C-2-4	外冯家	—
		C-2-5	西园冯家	—
		C-2-6-1	叶家祖宅内墙"福禄寿"雕塑	—

续 表

分类	分类号	图片编号	说明	备注
C 物质文化遗产	C-2 民居建筑	C-2-6-2	叶家祖宅大门	—
		C-2-7-1	水夫故居	—
		C-2-7-2	水夫故居东后夹厢	—
		C-2-7-3	灰塑独占鳌头	—
		C-2-8-1	安汝址山花和祥云山墙	—
		C-2-8-2	安汝址大门口灰塑	—
		C-2-8-3	安汝址天井	—
		C-2-8-4	大门灰塑	—
		C-2-8-5	木格子窗1	—
		C-2-8-6	木格子窗2	—
		C-2-9-1	雕梁宅四凤穿牡丹大梁	—
		C-2-9-2	雕梁宅正屋	—
		C-2-10-1	连科宅灰塑"一路连科"	—
		C-2-10-2	连科宅大门屋顶砖花	—
		C-2-10-3	雕凤石磉	—
		C-2-10-4	大门屋顶装饰	—
		C-2-10-5	灰塑山墙狮子	—
		C-2-10-6	围墙砖格窗	—
		C-2-10-7	瓦雕金钱眼压顶外墙	—
		C-2-10-8	瓷嵌山墙	—
		C-2-11-1	上园大门	—
		C-2-11-2	上园道地	—
		C-2-12-1	五门大宅	—
		C-2-12-2	五门大宅门前通道	—
		C-2-12-3	五门大宅西后夹厢屋	—
		C-2-12-4	五门大宅正屋	—
		C-2-12-5	五门大宅屋脊龙装饰	—
		C-2-12-6	灰塑福和山花	—

续表

分类	分类号	图片编号	说明	备注
C 物质文化遗产	C-2 民居建筑	C-2-12-7	寿字山花	—
		C-2-12-8	灰塑狮子山花	—
		C-2-12-9	屋脊灰塑	—
		C-2-12-10	中堂屋顶	—
		C-2-12-11	灰塑山花1	—
		C-2-12-12	灰塑山花2	—
		C-2-13-1	安拙山房大门	—
		C-2-13-2	安拙山房中堂与两横厢房	—
		C-2-13-3	水门汀道地	—
		C-2-13-4	安拙山房后院门杠石孔	—
		C-2-14	下新屋一角	—
		C-2-15	廊柱头木雕	—
		C-2-16	狮子会石子道地	—
		C-2-17	下墙巷王宅	—
		C-2-18	百年老店养和堂药店	—
		C-2-19	新下桥月字墙	—
		C-2-20	三份头吉字墙	—
		C-2-21	后堂七间西楼房	—
		C-2-22	穆家道地	—
		C-2-23-1	三份头冯家石窗1	—
		C-2-23-2	三份头冯家石窗2	—
		C-2-23-3	三份头冯家石窗3	—
		C-2-23-4	三份头冯家石窗4	—
		C-2-23-5	秦家巷石窗1	—
		C-2-23-6	秦家巷石窗2	—
		C-2-23-7	雕梁宅石窗1	—
		C-2-23-8	雕梁宅石窗2	—

续 表

分类	分类号	图片编号	说明	备注
C 物质文化遗产	C-2 民居建筑	C-2-23-9	西园冯家石窗1	—
		C-2-23-10	西园冯家石窗2	—
		C-2-23-11	连科宅石窗1	—
		C-2-23-12	连科宅石窗2	—
		C-2-23-13	连科宅石窗3	—
		C-2-23-14	连科宅石窗4	—
		C-2-23-15	安汝址石窗	—
		C-2-23-16	应家石窗	—
		C-2-23-17	上新屋施家石窗1	—
		C-2-23-18	上新屋施家石窗2	—
		C-2-23-19	庄前叶家门角"问月"	—
		C-2-23-20	庄前叶家门角"聚星"	—
		C-2-23-21	中央份巷18号门角"横青"	—
		C-2-23-22	中央份巷18号门角"映绿"	—
		C-2-23-23	麒麟门角	—
		C-2-23-24	花草门角	—
		C-2-23-25	花门角	—
		C-2-24	西二上小份墙灰塑（植物、铜钱）	—
	C-3 作坊	C-3-1	豆腐作坊	—
		C-3-2	棉絮作坊	—
D 非物质文化遗产	D-1 未列入名录的非遗	D-1-1	县府大楼天井舞狮	—
		D-1-2	舞狮路上	—
		D-1-3	舞龙队出发	—
		D-1-4	舞龙表演	—
		D-1-5	传承剪纸艺术	—
		D-1-6	陈氏剪纸作品	—

续表

分类	分类号	图片编号	说明	备注
E 民俗生活	E-1 日常生活场景	E-1-1	叶柱四世同堂全家福	—
		E-1-2	村妇在上园老井边洗涤	—
		E-1-3	力洋村菜市场一角	—
		E-1-4	猪肉摊	—
		E-1-5	水产摊	—
		E-1-6	九旬老人剥黄豆	—
		E-1-7	沥水溪边洗衣	—
		E-1-8	妇女和小孩在坝上	—
		E-1-9	品种繁多的服装店	—
		E-1-10	村里小店	—
		E-1-11	粮油店门口	—
	E-2 礼俗生活场景	E-2-1	丧事放焰口	—
	E-3 家居信仰与民间信仰	E-3-1	水夫故居中堂供奉的祖先灵位	—
F 生产方式	F-1 生产场景	F-1-1	制作烧酒	—
		F-1-2	蒸煮制酒原料	—
	F-2 生产工具	F-2-1	风车和铁耙	—
		F-2-2	下海挖泥工具弹胡锹	—
		F-2-3	捕鱼竹倒	—
		F-2-4	卡箩	—
		F-2-5	梭子蟹箩	—
		F-2-6	木制海马	—
		F-2-7	稻桶、遮扬、豆腐桥	—
		F-2-8	木铁阴阳耙	—
		F-2-9	耖田乌龟耙	—

续 表

分类	分类号	图片编号	说明	备注
F 生产方式	F-2 生产工具	F-2-10	棉花移苗器	—
		F-2-11	田圈	—
		F-2-12	犁	—
		F-2-13	石磨	—
		F-2-14	石臼、木杵	—
		F-2-15	单人人力打稻机	—
		F-2-16	木耙与阴阳耙、牛轭	—
		F-2-17	鱼丝网	—
		F-2-18	踏车架与踏车	—
		F-2-19	草鞋耙	—
	F-3 手工制品	F-3-1	竹制鸡笼	—
		F-3-2	竹制菜篮子	—
		F-3-3	篮、针线篮、针夹	—
		F-3-4	团箜	—
		F-3-5	正六边形针线篮	—
G 人物	G-1 村民肖像	G-1-1	94岁老人	—
		G-1-2	86岁老婆婆做鞋	—
		G-1-3	叶颂清后代自美国来家乡寻根1	—
		G-1-4	叶颂清后代自美国来家乡寻根2	—
		G-1-5	观看古宅文化节文艺表演	—
		G-1-6	村民玩纸牌	—
		G-1-7	街头	—
H 现状	H-1 近年来村落的新变化	H-1-1	力洋中路夜景	—
		H-1-2	环石城东路五门大宅东炮楼	—
		H-1-3	力洋西路街道	—
		H-1-4	捣米山头路段	—
		H-1-5	东山头南北方向路段	—

续 表

分类	分类号	图片编号	说明	备注
H 现状	H-1 近年来村落的新变化	H-1-6	新桥头两旁街道	—
		H-1-7	上园南巷	—
		H-1-8	建设中的环城东路南大街	—
		H-1-9	农商银行旁的力洋中街	—
		H-1-10	大桥头	—
		H-1-11	创业路	—
		H-1-12	力兴大街	—
		H-1-13	力兴路街道与景港路街道	—
		H-1-14	环城西路北段	—
		H-1-15	浩然亭	—
		H-1-16	力洋镇人民政府	—
		H-1-17	盛宁路进村东入口	—
		H-1-18	盛宁路进村的西进口	—

A 村落面貌

A-1 村落全貌

A-1-1 力洋村全景

A-1-2 一条沥水溪自北向南穿村而过

A-1-3 环城西路北段

A-1-4 村东山林植被茂盛

A-1-5 村廿里塘、大塘农田景色

A-2　村落与自然关系

A-2-1　茶山

A-2-2　茶山天湖一角

A-2-3　紫芳潭水圳

A-2-4 力洋水库

A-2-5 山横大桥

A-2-6 沥水溪

A-2-7 东斜山白鹭栖息地

A-2-8 磨注峰下群山碧翠

A-2-9 溪上新桥

A-2-10 五额景观

A-3 主要街巷

A-3-1 力洋老街西街老房子

A-3-2 老街商铺

A-3-3 老街上街头

A-3-4 连科宅南墙

A-3-5 西园外墙巷

A-3-6 胡家后石墙

A-3-7 王家石门

A-3-8 秦家巷一角

A-3-9 老街东门口

A-3-10 应家石子道地

A-3-11 县府大楼后炮楼

A-3-12 县前巷下新屋大门口

A-4 重要公共空间

A-4-1 前门山山顶前广场

A-4-2 前门山山顶后广场

A-4-3 凤山活动场，篮球、门球训练场地

A-4-4 山横自然村活动场

A-4-5 力洋镇小学运动场

A-5　自然特色

A-5-1　茶叶山一角

A-5-2　黄牛群

A-5-3 前门山公园

A-5-4 黄泥注家庭农场大门口

A-5-5 状如骆驼或武士的茶山天然石墙

A-5-6 奇特的羊祜殿岩门

A-5-7 徛岩（又称石笋岩）

A-5-8 东滴水双并瀑布

A-5-9 喜鹊潭下白水盈流

A 村落面貌

A-5-10 力洋水库山水相连

A-5-11 中潭双接瀑布

A-5-12 山洞景观

B 历史见证

B-1 村落历史见证

B-1-1 界石,冯氏宗祠建筑己墙,民国初年立于冯氏宗祠

B-1-2 重修复兴庵碑记等共3块，清嘉庆六年（1801）立

B-1-3 凤山禅院"雨淋佛"，清光绪三十二年（1906）立

B-1-4 老区樟树，树龄190年（2014）

B-1-5 老区柏树,树龄230年(2014)

B-1-6 老区木犀树,树龄130年(2014)

B-1-7 老区罗汉松,树龄240年(2014)

B-1-8 凤山庵樟树，树龄160年（2014）

B-1-9 叶摩飞墓碑书法"源远流长"

B-1-10 凤山禅院石碑，民国三年（1914）立

B-1-11 刻有"台州府贡元叶冠唐"的光绪辛丑（1901）旗杆夹双龙石刻

B-1-12 刻有喜鹊登梅加麒麟的光绪十三年（1887）石刻旗杆夹

B-1-13 明朝防倭寇入侵烽火台

B-1-14 胡直夫书法作品1

B-1-15 胡直夫书法作品2

B-2　家族历史见证

B-2-1 叶氏宗谱 1

B-2-2 叶氏宗谱 2

B-2-3 叶梦鼎像

B-2-4 叶温裕像

B-2-5 冯氏宗谱1

B-2-6 冯氏宗谱2

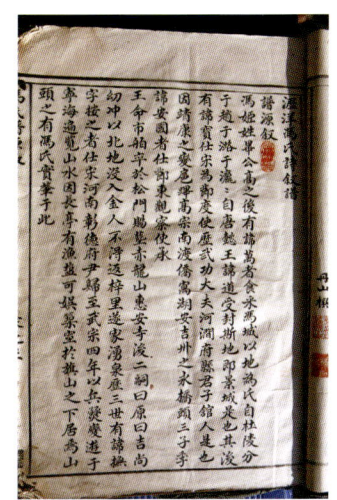
B-2-7 冯氏宗谱3

B-2-8 冯氏先祖按之公（右）和容齐公

胡氏族譜序

譜者譜其所自出也因生賜姓胙土命世姓氏淆亂不分苟欲由吾所自出受姓得氏之祖蓋亦誣矣書曰百支嫡庶無別各祖所親紛成譜系苟欲之不過數世而下泥而難通況十世

B-2-9 胡氏宗譜 1

胡氏世系源流

我胡得姓受氏自胡公滿歷周至秦八九百年迄祖入關諱 害公從擊楚有功封貫齊侯治北某六百戶高帝八年恭侯嗣孝文元年錫齊侯治十一侯嗣元溯八年猜侯坐罪廢五世卹都尉之子芘於孝宣中興間襲封六世列卿都尉之子芘文為臺諫高為平章當王氏專權而封侯之爵已以功補墓諫不久在位萬亦未行其志諫臺文生長浙卿次濟卿三漉卿浙卿生道夫濟卿生進夫平章高生二子長淮卿次浚卿淮卿生迪夫進夫生達夫自貫侯至此已十世矣由是達夫生玉有生司焉諱逮透以武事從漢實固擊西域繕善露馬生宜春宜中宜春生國宜中生內翰污污以醫仕至內翰閩閭生嘉夫生瑱及都就受尋文帝朝撼戎河北邊郡鳳蘼瑱生貞之洵之貞洵之生伯庠及侍中序及于晉惠元康間仕御史

B-2-10 胡氏宗譜 2

B-2-11 叶柱夫妇结婚照　　　　　　　　B-2-12 叶柱与罗杨合影

B-3　其他有年款的遗存

B-3-1 孙大奎立"贡元"匾

B-3-2 力洋岭复兴庵对联,上联:金柳惠风施厚德,清嘉庆八年(1803)立

B-3-3 力洋岭复兴庵对联,下联:玉瓶甘露济群生,清嘉庆八年(1803)立

C 物质文化遗产

C-1 公共遗产

C-1-1 白鹤庙（仁济禅寺）大雄宝殿

C-1-2 集庆禅院（力洋庵）大门

C-1-3 圆通寺宝殿

C-1-4 辛亥革命志士叶颂清墓,墓碑和墓志铭为时任浙江省政协主席王家杨书

C-1-5 复兴庵

C-1-6 上园水井

C-1-7 应家水井

C-1-8 上街头水井

C-2　民居建筑

C-2-1-1　孙家古宅全景

C-2-1-2　孙家中堂

C 物质文化遗产

C-2-1-3 孙家中堂左廊柱狮雕

C-2-1-4 孙家木窗

C-2-1-5 孙家中堂右廊柱狮雕

C-2-2 应家石子道地

C-2-3-1 石明堂胡家大门

C-2-3-2 石明堂中堂

C-2-3-3 石明堂屋顶钢叉

C-2-4 外冯家

C-2-5 西园冯家

C-2-6-1 叶家祖宅内墙"福禄寿"雕塑

C-2-6-2 叶家祖宅大门

C-2-7-1 水夫故居

C-2-7-2 水夫故居东后夹厢

C-2-7-3 灰塑独占鳌头

C-2-8-1 安汝址山花和祥云山墙

C-2-8-2 安汝址大门口灰塑

C 物质文化遗产

C-2-8-3 安汝址天井

C-2-8-4 大门灰塑

C-2-8-5 木格子窗 1

C-2-8-6 木格子窗 2

C 物质文化遗产　187

C-2-9-1　雕梁宅四凤穿牡丹大梁

C-2-9-2　雕梁宅正屋

C-2-10-1 连科宅灰塑"一路连科"

C-2-10-2 连科宅大门屋顶砖花

C-2-10-3 雕凤石碌

C-2-10-4 大门屋顶装饰

C-2-10-5 灰塑山墙狮子

C-2-10-6 围墙砖格窗

C-2-10-7 瓦雕金钱眼压顶外墙

C-2-10-8 瓷嵌山墙

C-2-11-1 上园大门

C-2-11-2 上园道地

C-2-12-1 五门大宅

C-2-12-2 五门大宅门前通道

C-2-12-3 五门大宅西后夹厢屋

C-2-12-4 五门大宅正屋

C-2-12-5 五门大宅屋脊龙装饰

C-2-12-6 灰塑福和山花

C-2-12-7 寿字山花

C-2-12-8 灰塑狮子山花

C-2-12-9 屋脊灰塑

C-2-12-10 中堂屋顶

C-2-12-11 灰塑山花1

C-2-12-12 灰塑山花2

C-2-13-1 安拙山房大门

C-2-13-2 安拙山房中堂与两横厢房

C-2-13-3 水门汀道地

C-2-13-4 安拙山房后院门杠石孔

C-2-14 下新屋一角

C-2-15 廊柱头木雕

C-2-16 狮子会石子道地

C-2-17 下墙巷王宅

C-2-18 百年老店养和堂药店

C-2-19 新下桥月字墙

C-2-20 三份头吉字墙

C-2-21 后堂七间西楼房

C-2-22 穆家道地

C-2-23-1 三份头冯家石窗 1

C-2-23-2 三份头冯家石窗 2

C-2-23-3 三份头冯家石窗 3

C-2-23-4 三份头冯家石窗 4

C-2-23-5 秦家巷石窗1

C-2-23-6 秦家巷石窗2

C-2-23-7 雕梁宅石窗1

C-2-23-8 雕梁宅石窗2

C-2-23-9 西园冯家石窗1　　　　C-2-23-10 西园冯家石窗2

C-2-23-11 连科宅石窗1

C-2-23-12 连科宅石窗 2

C-2-23-13 连科宅石窗 3

C-2-23-14 连科宅石窗 4

C-2-23-15 安汝址石窗

C 物质文化遗产

C-2-23-16 应家石窗

C-2-23-17 上新屋施家石窗 1

C-2-23-18 上新屋施家石窗 2

C-2-23-19 庄前叶家门角 "问月"

C-2-23-20 庄前叶家门角 "聚星"

C-2-23-21 中央份巷18号门角 "横青"

C-2-23-22 中央份巷18号门角"映绿"

C-2-23-23 麒麟门角

C-2-23-24 花草门角

C-2-23-25 花门角

C-2-24 西二上小份墙灰塑（植物、铜钱）

C-3　作坊

C-3-1 豆腐作坊

C-3-2 棉絮作坊

D 非物质文化遗产

D-1 未列入名录的非遗

D-1-1 县府大楼天井舞狮

D-1-2 舞狮路上

D-1-3 舞龙队出发

D-1-4 舞龙表演

D-1-5 传承剪纸艺术

D-1-6 陈氏剪纸作品

E 民俗生活

E-1 日常生活场景

E-1-1 叶柱四世同堂全家福

E-1-2 村妇在上园老井边洗涤

E-1-3 力洋村菜市场一角

E-1-4 猪肉摊

E-1-5 水产摊

E-1-6 九旬老人剥黄豆

E-1-7 沥水溪边洗衣

E-1-8 妇女和小孩在坝上

E-1-9 品种繁多的服装店

E-1-10 村里小店

E-1-11 粮油店门口

E-2　礼俗生活场景

E-2-1　丧事放焰口

E-3　家居信仰与民间信仰

E-3-1　水夫故居中堂供奉的祖先灵位

F 生产方式

F-1 生产场景

F-1-1 制作烧酒

F-1-2 蒸煮制酒原料

F-2 生产工具

F-2-1 风车和铁耙

F-2-2 下海挖泥工具弹胡锨

F-2-3 捕鱼竹倒

F-2-4 卡箩

F-2-5 梭子蟹箩

F-2-6 木制海马

F-2-7 稻桶、遮扬、豆腐桥

F-2-8 木铁阴阳耙

F-2-9 耘田乌龟耙

F 生产方式　　225

F-2-10 棉花移苗器

F-2-11 田圈

F-2-12 犁

F-2-13 石磨

F-2-14 石臼、木杵

F-2-15 单人人力打稻机

F-2-16 木耙与阴阳耙、牛轭

F-2-17 鱼丝网

F-2-18 踏车架与踏车

F-2-19 草鞋耙

F-3 手工制品

F-3-1 竹制鸡笼

F-3-2 竹制菜篮子

F-3-3 篮、针线篮、针夹

F-3-4 团笸

F-3-5 正六边形针线篮

G 人物

G-1 村民肖像

G-1-1 94岁老人

G-1-2 86岁老婆婆做鞋

G-1-3 叶颂清后代自美国来家乡寻根1

G-1-4 叶颂清后代自美国来家乡寻根2

G-1-5 观看古宅文化节文艺表演

G-1-6 村民玩纸牌

G-1-7 街头

H 现状

H-1 近年来村落的新变化

H-1-1 力洋中路夜景

H-1-2 环石城东路五门大宅东炮楼

H-1-3 力洋西路街道

H-1-4 捣米山头路段

H-1-5 东山头南北方向路段

H-1-6 新桥头两旁街道

H-1-7 上园南巷

H-1-8 建设中的环城
东路南大街

H-1-9 农商银行旁
的力洋中街

H-1-10 大桥头

H-1-11 创业路

H-1-12 力兴大街

H-1-13 力兴路街道与景港路街道

H-1-14 环城西路北段

H-1-15 浩然亭

H-1-16 力洋镇人民政府

H-1-17 盛宁路进村东入口

H-1-18 盛宁路进村的西进口

附录 国家级传统村落力洋村立档调查人员名录

负 责 人	冯全炉　秦祥富
采访调查人	冯全炉（71岁，普师学历，退休教师）
受访讲述人	冯旭初（71岁，初中学历，退休公务员） 沈方河（53岁，高中学历，力洋村副书记） 叶修木（90岁，小学学历，力洋村人） 冯益忠（44岁，小学学历，力洋村人）
摄　　影	陈渭金　董昌维
编　　校	戴余金　冯全炉
采录时间	2015年9月至2017年12月